女人屐痕IV

臺灣女性文化地標

陳秀惠總策劃
范情等著

女人屐痕IV
臺灣女性文化地標

1. **陳文敏**（新北市｜三重區）
2. **杜潘芳格**（新竹縣｜新埔鎮）
3. **台灣省婦女會**（臺北市｜中正區）
4. **黃晴美**（新竹市｜北區）
5. **廖瓊枝**（臺北市｜萬華區/士林區）
6. **盧仁愛**（臺南市｜東區）
7. **小鎮女醫師**（彰化縣｜員林鎮）
8. **文萌樓**（臺北市｜大同區）

目錄

〔推薦序〕

勇敢的臺灣女人圖像

文化部部長——李永得

自母土孕育而生，潮濕氣味裡有一雙佈滿繭的手圈了過來，掌心帶著點粗糙一如簡樸個性，動作細膩如心思縝密守著一窩老小，同時羽翼仍盈展著待翔。臺灣女性面貌多樣，不囿於一方天地，能以何種形式被記得？被留存？近年來，女性史料的爬梳與書寫如雨後春筍般勃發，各個族群的女性，在臺灣這塊土地上，不僅是溫柔支撐起一個家，更堅毅支撐起臺灣各色樣貌。

《女人屐痕》系列，書寫記錄曾在臺灣發光發熱的各領域女性人物與團體，從女性觀點出發，呈現出由文學與歷史交織而成的臺灣女性史，爲臺灣留下多元樣貌、溫婉卻力道鏗鏘之聲音。

欣聞《女人屐痕》邁入第四冊的出版，此輯特別述說在過去性別不平等的臺灣社會，不屈服於環境、社會氛圍與期待，勇敢堅定實踐自身理念的臺灣女人故事，包含客語書寫先驅詩人杜潘芳格、挺身反抗威權統治的革命鬥士黃晴美、臺灣第一苦旦廖瓊枝、一生奉獻臺灣女子教育的英國女宣教盧仁愛姑娘等前輩，也記錄了臺灣省婦女會替臺灣女性發聲、爭取女性權益的種種事蹟⋯等。

今日在各領域皆能看到臺灣女性亮麗不凡的身影，如協助本書撰文的客語詩人羅思容、歌仔戲編劇劉秀庭、歷史學者張素玢等，都有相當傑出卓然的成就，透過她們來述說前輩的故事，將臺灣女人勇敢且努力不懈的精神接續傳承。本書集結了眾人之力，以筆代口，以書寫作畫，揮灑出一幅幅絢爛圖像，圖像上的女子各個散發自信光彩，引領著吾人追尋前往，也讓我們記得且珍惜這得來不易的成果。

而於民間層層堆疊、百花盛放的豐碩成果上，文化部自然不會缺席，透過辦理展覽與活動，呈現臺灣女性的不同面貌，如國立臺灣歷史博物館以日治時期以後臺灣女性正式接觸運動之濫觴爲主軸，策畫展示內容；國家攝影文化中心「婉風流轉時：影像靈光與文學的跨域閱讀」展覽，呈現日治時期至戰後西方文化衝擊下，臺灣現代女性的柔美生活文化情境，從而勾勒出戰前戰後摩登時代的美學思潮。藉由公私部門的共同參與、攜手協力，爲臺灣這塊土地留下過去，也開展了更多元、更開放的各種可能性。

酷暑儘管難耐，但風已徐徐吹來，將臺灣女性不停歇的腳步再掀開一頁，紙張似葉似翼翻飛，展翅、迴旋，瞧！已是翱翔前程。

女人一小步，臺灣一大步！

曾任國立臺灣文學館館長、臺南市教育局局長——鄭邦鎮

「屐痕」的書名，令人激賞。幼時過年得到一雙新木屐，就開心一整年。

「女人屐痕」的深層意思，不外是追尋過去被埋沒或漠視的女性典範。舊時代，舊觀念，常對婦女身心勞動的貢獻和價值，視若無物。直到解嚴前後幾個女權運動興起，提示了home-maker與house-keeper的區別；history與herstory的落差：”your story,our history.”的妙諦：”witout her, hero is o.”的驚嘆：才擦亮所有人的眼睛。眞是no awakening,no discovery.這些經由追蹤、挖掘出來的典範和資產的位置，就是女性文化地標的所在。古希臘詩說：「他們想埋葬我們，卻不知道我們是種籽。」優秀是一種本質和習慣；勇者，腳下都是路；女性終歸自己留下屐痕，我們只是把它裱框起來！

奇的是，才一翻閱，書中的地標人物，竟自然生動地激起我內心深處的記憶和悸動。例如「小鎮女醫師」裡的林碧雲、周秀娥，不但都是我昔日員林歲月的醫生，我至今記得周醫師爲我熱敷眼部的溫度、林醫師診所的擺設，及她們與家母的全日語交談。再如臺北廖瓊枝，臺灣第一苦旦，由林茂賢教授和我推薦，與陳水扁、林媽利、陳千武、巫永福、鍾肇政等等，同獲臺灣文化學院頒贈「臺灣文化榮譽博士學位」。還有新竹的杜潘芳格，不但是女性主義的傑出客家女詩

人，我擔任總編輯的《臺灣文藝》，社長就是她。客委會目前正積極推動包含杜潘芳格在內的客家文學作品外譯大計畫。至於我原本完全陌生的陳文敏，早期臺語電影女導演，她的事蹟，不但觸及家母晚年終得重返的故鄉三重埔，並且印證著我一九九五至二〇〇五間，在國家電影資料館客串蚊子電影院的默片辯士的珍奇經驗。

我和陳秀惠相交三十多年了，卻少見面。回顧起來，大約二〇〇八年，她擔任總統府文化總會副祕書長時，曾來國立臺灣文學館讓我協力策展了十二幅女性文化地標。當時臺南市長許添財還贊助了一輛遊覽車，載運觀眾去各地標實地走讀。接著，她更曾幾次囑我協助就地召喚女性參加女力培訓營，並投入村里長選舉，以提升女性的基層公共事務參與率。

這次，《女人展痕Ⅳ》的推出，表示將有更多的女性文化地標建置成功。陳秀惠不注意我的道賀，反而關心臺南市的「中正路」已改名爲「湯德章大道」的豪舉；又問我「湯德章的雕像還在原位上嗎？」這般「寒梅著花未」的無微不至，教我感動不已！佛家說「雲，及於一切，而不屬於一切。」她絕不是只心繫女性地標而已啊。常言道，健步如飛，不如腳步不停。《女人展痕》既推出第四輯，我相信五、六輯也不遠了。更何況，女人一小步，臺灣一大步！

鄭邦鎮

踏上她們的屐痕，走自己的路

立法委員、臺大社會系副教授——范雲

這本書記錄了臺灣這塊土地上，不同職業領域、不同族群的女人們，突破各式限制的多元生命故事。

有以身體和性的勞動換取生計，並用生命捍衛工作權的公娼女子；在男尊女卑性別歧視環境長大，卻透過陰性書寫來實踐女性力量的客家女詩人杜潘芳格、臺灣第一位女導演陳文敏；在男性為主領域——醫界、宣教界，發揮自身專業、替女性開疆闢土的女醫師：謝洪秀枝、張玉花、林碧雲、周(李)秀娥，及女宣教士盧仁愛；在困苦環境中長大，靠一己之力重生的臺灣第一苦旦廖瓊枝；眾所皆知的刺蔣案中，同時身為兩位烈士的妹妹及妻子、也是臺灣獨立及母語推動的重要運動者黃晴美的生命經驗；以及開啓女性參政及參與公共事務的先鋒：臺灣省婦女會的前世今生。

這些女性的故事，深根在臺灣這塊土地上。

故事不只隨她們的個人生命經驗前進，也跟著臺灣社會的發展脈絡，每章各自成篇，卻交織成臺灣歷史一頁頁美麗的篇章，串起這塊土地的共同記憶。

從她們的故事，妳／你會看見，努力並沒有一條固定的路徑。同樣身為女人，以各樣不同的方式，掙脫既有社會框架的限制，走出自己的路。

閱讀過程，也會看見許多熟悉的地景，也許就在妳／你生長的城市，曾有這樣一個故事。

誠摯地邀請妳／你一起透過這本書，踏上這些女人們曾走過的屐痕。

有歷史，才有將來

台灣婦女團體全國聯合會理事長——陳秀峯

喜見「女人屐痕」系列第四冊出版，更豐富了臺灣女性圖像的資料。

透過作者的巧思與妙筆，主角們的身世與處境栩栩如生，讓我們知道在那保守的年代，她們如何以無比毅力突破傳統的性別框架，勇敢走出自己的路，例如臺灣電影史上第一位女導演陳文敏，在臺語片編劇、導演清一色男性的世界裡，締造傳奇；「福爾摩沙少女」杜潘芳格的陰性書寫，藉由創作顛覆傳統思維、擺脫父權框架與制約；長榮女中第一任校長盧仁愛，從英國來台宣教三十年，栽培新一代女性。

永遠的勇者、革命鬥士黃晴美，是四二四刺蔣案黃文雄的親妹、關鍵人物之一，自己掌握生命的主導權。臺灣第一苦旦廖瓊枝投射淒苦身世於戲劇的人生，於退休後傾心歌仔戲傳承教育，樹立實踐、堅持與努力的典範。

在女醫師先驅中，謝洪秀枝是員林第一位女醫，對地方婦女教化有實質貢獻。張玉花隨醫生丈夫在員林開設婦產科診所，後來參政致力於提升婦女權利。周（李）秀娥婦產科醫師，為早逝的眼科醫師丈夫，重新接受眼科訓練而轉為眼科醫師，是女眼科醫師先驅，促進婦女具自食其力技能。林碧雲原是教師，嫁入醫生家庭後，因丈夫不願學醫襲家業，而代夫學醫，成為員林執業最久女醫，鼓勵婦女勇於表現自我。

關於推動女權運動的婦團，臺灣省婦女會是

戰後初期婦女自發組成的婦團，爲婦女解放運動的蒿始。該會成員努力突破傳統女性角色的侷限，積極參與公共事務、問鼎政壇。日日春關懷互助協會則從市定古蹟大稻埕文萌樓的興衰說起，文萌樓曾是一群弱勢、底層、被汙名化的女人討生活處所，現爲臺北市定古蹟、性產業文化資產。

本書自主角們的生命歷程，爬梳出她們將負能量轉成正能量的軌跡，讓人感受到的那股女力，不就是目前倡議的女力？

台灣婦女團體全國聯合會成立於二〇〇一年，扮演著國內數十個婦團與政府間的「夢想、連結、行動」平台角色，秉持「互通有無，互爲網絡」宗旨，致力於提升婦女權益。依循創會宗旨，我們支持《女人屐痕Ⅳ》問世，感謝陳秀惠前理事長用心策劃、作者們撰文、編輯、校對及仔細打點各環節的秘書處同仁、理監事的支持，使《女人屐痕Ⅳ》得以出版。同時我們也沒忘記「女人屐痕」的第一位提案人與實踐者、女書店創辦人之一鄭至慧女士，感謝有她的提案，才有後續的發展。

〔出版序〕

再續情緣：女性是我最重要的關懷

總策劃 陳秀惠

最近經常午夜夢迴，醒來後會回顧這一生一路走來，除了家人，就是參與臺灣政治社會改革，以及婦女運動。這一生，雖有短暫教職生涯，竟然少有一般人的上下班，沒有機緣把握商機成爲成功女企業家。雖然曾當過十年的民意代表，也沒有趁勢成爲女政治人，回首下半生，選擇一條人煙稀少的小徑，爲臺灣婦運，克服困難緩慢前進。

在戒嚴肅殺的八O年代，有幾位女知識人，有感於社會一言堂，又能在資源匱乏下，辦一本薄薄且不起眼的《婦女新知》雜誌，爲婦運開啓了新階段。又有一批被刻板化的三姑六婆挺身捍衛，在臺灣集結一群勇於開口、敏於行動的可敬主婦們爲保護環境走出家門，捲起袖子，爲餐桌上的食物安全、及減量垃圾，做資源回收，反對蓋核電廠等等。

我們的歷史中，女性聲音大半被忽視，尤其在威權社會更是受到層層壓迫。解嚴後的臺灣社會，在九O年代開始走向民主化，正視女性權利的呼聲四起，女性透過主動集結，從最初辦不起眼雜誌，走向街頭抗爭，發起社會運動、法律改革、進行文學與藝術創作等多種管道，種下女性意識的種子，再與民主運動合流，女性聲音才有被聽見的機會，解嚴後，更

——本書編輯會議剪影。

譜出豐盛精彩的臺灣婦運，儼然一片繁花似錦！

歷經一年半的構思，尋找資源與寫手，集思廣益之下匯聚衆人之力，終於促成《女人展痕》第四冊出版。從二〇〇六年出版第一冊，二〇〇八年出版第二冊，二〇一九年出版第三冊，直至二〇二二年，第四冊在衆姐妹的努力下於焉誕生。「女人展痕：臺灣女性文化地標」計劃，從女人說故事，撰文出書，再克服萬難設置地標，舉辦走讀旅行和推廣講座，致力於讓更多人認識曾在臺灣這塊土地戮力耕耘的重要女性。

時至二〇二〇年，臺灣社會經過「性平法」數度修法、通姦除罪化、「跟騷法」上路，女性看似獲得法律的保障與正視，我們爲什麼還需要一本以女性地標與觀點爲主題的書？回憶起二〇〇六年出版首冊《女人展痕》並催生了臺灣第一座女性文化地標——淡水女學堂；第二冊介紹創下護理史璀璨紀錄的陳翠玉前輩；直至第三冊出版後的第二年，更以林媽利醫師培力的血庫女子兵團，設立於臺北馬偕醫院四樓地標，全臺已完成十五座女性文化地標。每一個地標的誕生都經過幾番洽談、商議，藝術家設計，繁瑣且辛苦的溝通過程，陸續有國內外婦團參訪，不僅鼓舞了我，更是我持續推動的動力。女性總是我最重要的關懷。

——愛愛院女性文化地標，二〇二一年十一月設立，為臺灣第十五座女性文化地標。

《女人展痕IV》每一篇文章中，從傳主到地方組織，其中的女性精神與實踐，皆使我動容不已。臺灣首位女導演陳文敏，勇於挑戰，是全能型的電影工作者，在臺語片編導清一色男性世界，一支獨秀；詩人杜潘芳格敏銳的女性意識，展現在她的規律寫作與生活體察；四位來自彰化員林小鎮的女醫師謝洪秀枝、張玉花、林碧雲與周李秀娥，紛紛扛起事業與家庭的重任，將資源挹注到地方社會，不辭辛勞的照顧鎮民健康；女宣教師盧仁愛任臺南長榮女中第一任校長，設長女高等科，後更創女子神學院，啓蒙不分階級的衆多女性；臺灣史上四二四刺蔣案的重要推手黃晴美，除了以女性之力展現對兄長及前夫的支持，晚年更大力推動臺語教育、嘗試臺語寫作；歌仔戲國寶廖瓊枝經歷艱辛的成長過程，磨練功夫，成名後致力將歌仔戲推廣到臺灣各個角落，並獎掖後進。

除此之外，臺灣省婦女會與日日春關懷互助協會，在不同時代、領域中，成爲臺灣女性重要的集結與發聲空間，更提供女性自我賦權與培力的機會。每一冊《女人展痕》中精彩的女性故事，都使我向「女性文物館」的設立願望前進一小步，哪怕只是一小步，都帶給我無比的力量。

在此我要特別感謝文化部長李永得、國立臺灣文學館前館長鄭邦鎮教授、現任立法委員范雲、本會台灣婦女團體全國聯合會陳秀峯理事長等序文，以及百忙中完成八篇大作的范情、羅思容、吳雅琪、吳清桂、劉秀庭、陳美玲、張素玢、鄭美里等衆姐妹，爲能完美呈現不辭辛勞的修改、調整，大力支持，在團隊齊心努力之下完成本書。盼正在閱讀的妳／你，能在闔上書本之餘，親自前往女性文化地標，感受女性源源不絕的生命力量，讓我們一同期盼更多女性文化地標，在臺灣這塊土地上生根，並深耕下去。

臺灣首位女導演
——臺語片時代三重埔的陳文敏（陳粉）

文·范情

電影研究者黃仁說：「陳文敏自編、自導、自製，……，不僅在臺灣的國、臺語片圈，甚至當時上海、香港也未見如此勇於挑戰，刻苦、好學的女導演。」一邊生孩子，一邊經營家庭事業，人稱「膽大妄爲」的陳文敏，爲家計，成爲臺灣第一位女導演。她在男人的電影世界一枝獨秀，開出驚鴻一瞥的紅花，並發掘日後電影、電視音樂創作才子曾仲影，以及臺語片時代明星白蓉、金楓、戽斗、傅清華、矮仔財、武拉運、月英、愛子（阿匹婆）、文玲、賴德南、林沖……等。

六十歲的陳文敏曾說：「我是勇勇馬，縛佇將軍柱。」七十三歲受訪：「難道只有男人可以？女人也可以來研究、做看看，才不會給男人看輕。」

陳文敏(陳粉)

(昔)大明戲院

新北市三重區中央北路37號

從臺北橋大稻埕這端，過淡水河，到左岸三重市橋頭，即接重新路。重新路也是今南北縱貫臺一甲線，是三重市發展的重要道路，越過曾經滿街繪製電影看板的福德路，右轉，則進中央北路「三和觀光夜市」。市街狹窄，綿長八百公尺，是三重人的現在日常，也曾有舊日美好時光。

三重文史工作者、人稱鬍子大哥的張明祥說，中央北路生猛有力，是充滿生命力的一條街，早、午、晚皆是市集，比其他吸引外人的「觀光」夜市接地氣，有吃有玩，一直是三重人第二天上工的活力來源。一九四九年國民政府來臺，將上海的中央印製廠遷至此，中央北路因而得名；一九五〇年代，印製廠不遠的中央北路三十七號，蓋了「大明戲院」，印製廠裡「外省」上海口音的員工或南部北漂的打工艱苦人，到「大明戲院」看電影、逛夜市，是重要生活享受，也是許多老輩三重人懷念的回憶。夜市一度還稱「大明夜市」。

「大明戲院」後來轉手，更名「宏明戲院」、「三重戲院」，一九八〇年代停業拆除，現址改建為新廈(東利八方／晶鑽御品)。「大明戲院」歷時雖短，一九五〇、六〇臺語片興盛的年代，為臺灣電影史留下首位女導演陳文敏傳奇。

一九五五年號稱臺語片「元年」，係因自日本返臺的優秀導演邵羅輝以克難、實驗精神，完成第一部臺語歌仔戲電影《六才子西廂記》；前一年，三十四歲的陳文敏剛生了第八胎，衆人不看好下，獨力監造、建蓋完成「大明戲院」。電影研究者黃仁、昔國家電影資料館館長李天石養曾說，陳文敏是臺語片時代全能型的電影工作者，不僅編、導全才，還自己經營戲院；在重男輕女、氛圍保守的臺灣社會，臺語片編劇、導演清一色男性的世界裡，一枝獨秀①。

青春歲月，一邊生孩子②，一邊經營家庭事業的陳文敏說「我是不得已才自己上陣當導演的」③，蓋戲院、拍電影是為家庭生計。不同於當年臺語片優秀導演如：邵羅輝、何基明、林摶

(1)

(2)

(1) 今日三重三和觀光夜市（范情攝）。

(2) 今新北市三重中央北路三十七號，大明戲院舊址（范情攝）。

秋、白克……等，或負笈日本學電影，或在公營片場工作，他們懷抱電影事業的熱情夢想，強調「本省」，看重藝術，不畏市場風險，勇於投資；陳文敏踏入臺灣臺語片風潮，與其說「電影夢」，不如說是天時、地利，個人不服輸的拼勁，以及家族開創、無畏、絕地求生的精神。她承擔傳統女性角色，也挑戰「女性」框限，與瞧不起女人、男尊女卑的文化角力，在男性的電影世界，開出驚鴻一瞥的紅花。

家族跨海來臺，興旺靠無畏、開墾奮鬥

陳文敏生於一九二〇年，本名陳粉，「文敏」是她拍電影後，一位記者建議她取的「藝名」。她是再婚母親鄭春的第二胎，也是辛苦大半輩子四十五歲父親陳旺第一個親生孩子。那個年代，時興爲助孕或傳子嗣，抱養或過繼他人小孩，文敏出生時已有三位年歲相差頗大的兄姊，又是父親老年才得的獨生幼女，很受父母兄姊疼愛。

父親陳旺是來臺第四代。如同許多臺灣先民，陳家先祖爲避土匪，十八世紀中自福建泉州跨海來臺，在「大區園」（今桃園縣大園鄉）上岸，落腳林口臺地的土地公厝，累積田產，並在「八里坌」（今新北市八里）與「下觀音」（今桃園觀音鄉）間常爲鄉鄰調解糾紛，很受信賴。嘉慶年間先祖過世後，幾代分產到陳旺的父親，田產僅夠一家糊口。瘟疫奪走兄長性命，十四歲時，積勞成疾的父親又過世，陳旺帶著老母和年幼弟妹，爲生計到大霸尖山伐木；當時原、漢衝突頻仍，到「番界」討生活的陳旺，還留下後腦勺一塊被番刀削過的痕跡，鄉人稱他「番王」。

母親鄭春的年代，女孩命運如油麻菜籽，不是被棄，就是成爲養女。鄭春出生時，差點被悶死，後被收爲養女，幸養母疼愛，十八歲與茶葉商獨子結婚。婚後，丈夫生意失利，好不容易努力償還龐大債務，丈夫卻罹患當時無藥可醫的肺癆（肺結核），看病花錢不算，一拖就是一年。五股坑友人告訴鄭春，滬尾（今淡水）「西仔番」

開的醫生館醫術好，儘管鄭春聽聞「吃教的人」種種，仍花兩倍錢雇轎夫扛著丈夫，自己跟著步行，清早出門，過河求醫。當時滬尾偕醫館由宋雅各醫師主持，可惜，半年後仍回天乏術。丈夫過世，鄭春不願受夫家族欺凌，也不願回娘家，一九一一年帶著九歲養女、五歲幼子，再嫁陳旺。

鄭春珍惜並積極投入與陳旺胼手胝足的新生活。一九二〇年（大正九年）農曆二月初二日，三十八歲高齡產婦鄭春產下女嬰，即文敏，當天是土地公生日，親友從小叫她「土地公囡」。文敏周歲後，一家人為生計，從林口搬到五股庄壟鉤坑。陳旺與鄭春夫妻以分租的丘陵地種植各種長、短期作物，副業養豬，空閒時上山撿枯樹枝、乾芒草、山棕，紮束後，用兩輪人力車拖到和尚洲（今蘆洲）賣給人當柴火，賺現金貼補家用，種植的麻竹筍及竹子也成一門可觀的生意。至文敏兩歲時，陳家終於不必再吃蕃薯過活。

若說文敏出生望族，或因大哥陳隆德經營鋼鐵業。自小失學的陳隆德，十七歲就去臺北跟表哥當學徒，學「翻砂」。因繼父陳旺資助，開了第一家自己的翻砂間，幾經失敗後，竟成了四、五〇年代北臺灣的「鋼鐵大王」，也是臺灣早期電鍍、鍍金業的開發者。他是三重重新路旁「臺灣伸鐵」的第一任董事長，當時有「北伸鐵，南唐榮」之稱，也是臺中火車站前經營中部地區鐵路運輸的「丸鐵」董事長；日後更是陳文敏電影事業的支柱。

五股庄鄉下女孩，求知好學，漢文根基是日後編劇基礎

陳家只有文敏讀書、識字。一九二八年，八歲半的文敏看到同村蔡軟的兩個女兒開始上五股公學校，央求母親讓她上學。當年如「五股庄」鄉下地方，老師、警察得三催四請，學生還不願意上學，居然有住山裏的女孩自己要來，加上文敏在學校表現好，很受疼愛。不識字的兄長隆德當時已漸有成，更是欣喜，負責供應文敏所有讀

書所需。小文敏喜歡算術和國語(日語)，成了家族及鄰居間的「飽學之士」，經常協助寫字溝通，四年級學算盤，更能站在板凳上看大桿秤，幫父親核算賣茶青、竹筍的重量，也可以幫忙計算堆放路旁的竹子。

公學校畢業，文敏希望繼續升學，但母親堅決反對，擔心她必須離家到臺北，且「女孩讀那麼多書，以後誰敢要?」十五歲的文敏只能到五股坑口學裁縫。但，文敏不放過上學讀書機會，大嫂生產時，名義上去大哥家幫嫂子作月子，主要是想上漢文課，報名住「法主公」廟後一位教漢文唐山秀才的課，兄長隆德也經常從外面帶回許多小說、雜誌給她。文敏勤學受教，漢文先生本有意讓她留下當助教、承接教席，不料因被日本警察抄到違禁的漢文書而被抓，文敏學習中斷，但打下日後編劇的基礎。

那個年代，女孩年紀輕輕，街坊就有人觀察、打聽婚配。讀公學校時，不少女同學還沒畢業就結婚，文敏畢業後，也有許多人上門說親，但番王夫婦想爲女兒「招贅」。一九三九年十九歲的陳文敏與同村的林新村結婚。林新村是五股公學校第一名畢業的學生，家族中最會讀書的，但家貧無法繼續求學，畢業後在公學校當校工。他個性外向活潑，唱歌、玩樂器，還參加樂團，代表參加五股運動會。番王夫婦中意他對長輩有禮，文敏也對大她三屆、曾在司令臺上喊口令的學長有不錯的印象，因此接受父母安排。婚後，因新村在三重做收購空罐子生意，番王夫婦不捨女婿奔波於三重和林口之間，遂勸文敏搬去三重，後也與女兒女婿一起住。

膽識過人、「任性妄為」，危急關頭是一家支柱

父母與兄姐疼愛如寶，無憂長大，膺倫理又不服常規的文敏，婚後，與夫婿共同經營收空罐生意、建鋼鐵廠、經營「國王鐵工廠」等。文敏有經營幹才、過人膽勢、靈巧應變與決斷力，更是張羅一家大小的支柱；在家族中常一言九鼎，

(3)

(3) 十九歲的陳文敏（坐者），那年她與林新村結婚（圖片提供：陳炎生）。

(4)

(5)

親戚晚輩曾形容，姑婆說東，沒人敢往西。歷經日治、二戰及國民政府來臺時代紛擾，文敏常在危急關頭顯現膽識與承擔。

一九四三年日本戰局吃緊，嚴格管制實物配給，抓黑市買賣。因丈夫新村已是地方的頭人，律己嚴，不可能去買黑市米，爲籌一家大小及工人二十幾口的吃食，文敏挺著第二胎大肚子，到處打聽、收購黑市糧食，可以塡飽肚子的，都買。她或搭汽車、火車、渡船，或步行，最遠到澳底、貢阿寮(今新北市貢寮鄉)、新店屈尺、下觀音、大區園、八里坌。當時日本巡查或經濟警察常在車站或火車上盤查，若被抓，貨物沒收外，還會被關、用刑。文敏曾遇上幾次，可能因年輕、懷孕，行動本就不便，沒被懷疑，加上表情自然，雖心驚膽跳，卻都過關。

一九四五年春，終戰前幾個月，北臺灣日日承受美軍轟炸，丈夫新村被徵召到宜蘭修機場，工人和家中老小疏散到山上老家；文敏不放心大片工廠無人留守，一個人又挺著大肚子留在工廠，關大門睡覺。一水之隔的臺北市區，幾乎每天警報作響、飛機空中盤旋，白天時，文敏隔著附上「黑布」的窗戶(戰時日治當局規定)，看對岸臺北挨炸。當時空蕩的三重埔，文敏孤自一人，左鄰右舍幾無人煙。

(4) 中為二十歲的陳文敏（圖片提供：陳炎生）。

(5) 文敏是一家支柱，二十八歲的陳文敏與父陳旺、母鄭春、先生林新村及兒女合照（圖片提供：陳炎生）。

國民政府來臺，曾有無軍紀的軍官持槍強行徵用房舍，爲了避免冒失軍人與正午睡的丈夫衝突，文敏擋住想入後屋盤查的軍官說「嚇！有槍就不要法律了，那好！想看房子，要嘛！你就開槍，要不然就回去拿公文來。我毋驚你，阮頭家也是地方上頭人，我讓他到軍法部理論，去告你擾民，擅闖民宅。」軍官見文敏不吃他那一套，悻悻然離開。

一九四七年二二八事件後幾天，風聲鶴唳。聞大哥遭「棉被兵」抓走，爲了避免急公好義的丈夫出門冒險，再遇不測，衆人紛亂中，文敏鎮定心緒；念母親只懷兄妹二人，大自己十六歲的哥哥對自己從小百般照顧，不能不顧兄長恩情，即使家人、尤其新村，都反對，文敏堅持，即使不去軍法處探監，也要單獨過橋，去中山北路大哥家探望大嫂。年逾七十的父親不捨，但深知獨女自小膽大、「任性妄爲」，認爲是對的，就勇往直前，只能勸說不急於此時。但文敏心意已決，說自己會注意，走大路，「不相信那些阿山兵光天化日下，敢對我這兩腳查某按怎樣！」

一路肅殺，行人、車輛皆少，只有三三兩兩憲兵走過，這個敢在「戒嚴時期」孤身走在街上的女子，幸未被盤查。生完第四胎才剛滿月的文敏，走在連接三重與臺北的臺北大橋上，兩旁排列站著大兵，雙手端槍，槍上尾刀閃閃發亮，不意瞥見淡水河面，浮浮沈沈，滿是綑綁的年輕屍體漂流，怵目驚心，憂懼中，驚覺橋面行人只有自己，只能低頭快步，直走到中山北路。安慰大嫂，與姪兒交換訊息後，相互叮嚀，不敢耽擱，快快返轉。不願再看，但硬著頭皮，走上臺北橋回三重埔。

他人眼裡「任性妄爲」、「gâu píng-piàn」(很能幹)的陳文敏，婚後短短十五年間生了八胎，也與丈夫投資不下十種行業，鐵工廠、錢莊、漆刷製造、日式料理、麵條、染整、鬃刷、米粉、起販厝、家用五金等。有些是好交際的新村受人影響或合夥，有些則是文敏的市場敏感度，如經營五金行，從進貨、批貨到零售、批

(6)

(6) 三十八歲的陳文敏，臺灣電影史首位女編導，意氣風發（圖片提供：陳炎生）。

發，一手包辦；起販厝則是因三重人口漸增，衍生長住需求，文敏以大批買進物料，降低成本獲利。三重埔的一九五〇年代，正值產業變遷轉型，北漂移民匯聚，生機蓬勃，勞動市井小民需要娛樂，新村聽友人說經營戲臺好賺，鼓動文敏。意料之外，踏入電影事業，天時、地利給了文敏和新村機會。

三重滄海桑田，從稻米、香花到「黑手」搖籃

城市生態樣貌變遷，創造不一樣的機會和人生；三重滄海桑田，產業發展、地理環境、交通建設改變三重。三重舊名三重埔，清朝即是漢人移民移墾重地，閩南人稱「埔」是河面沙洲的意思。三重、蘆洲、板橋曾是臺北城重要農產地，清光緒年間，臺灣巡撫劉銘傳在三重埔與大稻埕之間搭鐵道木橋，運輸農產。日治時期木橋鐵路改道，改爲鐵橋(今臺北橋)，連雅堂的詩也提示了三重當時的面貌：「大橋千尺枕江流，畫舫笙歌古渡頭，隔岸素馨花似雪，新風吹上水邊樓。」古渡頭指臺北市大稻埕，隔岸素馨即三重的秀英花。以農戶爲主的三重居民，遍植農蔬及芳香馥郁的秀英花、茉莉花、黃梔花。香花提供製茶、茶葉集散地的大稻埕製花茶，也供應「香水會社」製香水。當時一斤花苞價值相當一石稻米④，淡水河邊，花圃一望無際。

日治末期至一九五〇年代後，平疇綠野、河岸素馨不再，三重成了另一波移民匯聚的新故鄉，也是「黑手」的搖籃。一九四一年太平洋戰爭爆發，日本殖民政府計畫在臺灣島內發展軍備相關重工業。考量防空疏散，爲免戰時指揮所與行政首府臺北市遭戰火波及，將市區周邊鐵工廠、印刷廠、紡織廠、化學廠等重工業經臺北橋疏散到三重、新莊、五股近郊。戰後，一九五〇年代臺灣工業起飛，三重工業更快速發展，鋼鐵、電器、紡織、橡膠塑膠、製革、被服和其他製品工業皆進駐。

戰亂流離、北漂謀生，移民匯聚；撫慰、娛樂需求，釀生戲臺好生意

一九四九年國共內戰結束，國民政府及中國各省人民相繼遷臺，多集居臺北市及近郊，如三重、永和、新店地區。三重是臺北市首都防空疏散的腹地，興建眷村及軍事設施，許多外省移民定居。

一九五三年「西螺大橋」在美援下完成，跨越濁水溪，打通縱貫公路筋脈，開始臺灣南北公路時代。三重埔位於南北縱貫公路末端，連接日治時期改建的臺北鐵橋（今臺北橋），讓三重成了南來通往臺北市的咽喉。當時臺灣工業起飛，農業消弛，西部農村如：彰化、雲林、嘉義或沿海北港、臺西、口湖子弟，紛紛沿縱貫路北上謀生。三重因頻繁淹水，物價、房價低於臺北，成了南部人落腳北部的據點，無論在三重工廠做工，或跨越淡水河到臺北找頭路（臺北橋下的橋頭工人力市場曾盛極一時），三重都是最好的異地求生跳板。因此，成了中南部北漂人口最多、宮廟最多的移民城市，帶來五湖四海、各地生活習慣和飲食，百工百業生機盎然。移民熱情純樸，但也因工廠林立，求生打拚，「龍蛇雜處」，有又髒、又亂、出鱸鰻（流氓）的「污名」。

異鄉的艱苦人，沒有電視的年代，聽廣播、看歌仔戲、看電影撫慰鄉思。當時僅數萬人的三重，已有金國、天臺、建國、金都四家戲院，競爭激烈，更不用說一水之隔的臺北市，戲院衆多，軟硬體設備不斷更新。但除了三重人口需求，當時因政府規定在臺北市首輪片配額限制演映天數，票房生意再好，也得下片，移到三重埔來做，加上票價比臺北市便宜⑤，所以三重的戲院生意特別好。新村鼓動文敏辦戲院，文敏初始不贊成丈夫「想孔想縫」，投資外行，但也被新村說服，將不用的廠房改建戲院租人，自己不需經營。殊不知蓋戲院是挑戰，後續發展更始料未及。

不讓外人看扁，勤學習，識眉角，「大明戲院」立足三重

既決定，一九五二年文敏剛生下第七胎，一手包辦大明戲院的拆蓋、建材採購及施工、監工。蓋戲院不同於一般房舍，樓高與樑柱結構都是專業，許多人不以爲然，認爲林新村怎麼能放手「讓一個女人胡搞」，甚至準備看好戲。但新村對妻子的能耐信心滿滿。陳文敏和廠商談，認爲廠商要高價，只因有經驗，凡事都有第一次，只要找到好師傅，爲什麼不能自己試試。除了重金禮聘好師傅，文敏嚴控建材物料價格，貨比三家，爲了木料，幾次羅東行，比價、殺價，將戲院造價成本降了近三成，當地一些杉行老闆提起這位比男人能幹又「阿沙力」的女顧客，莫不稱讚：「臺北查某實在不簡單。」

戲院完工，衆人驚嘆。未料預計經營者因資金不到位，臨時抽腿。錯愕、生氣、埋怨之餘，文敏和新村不願應了旁人閒語，積極尋找有經驗的人經營。也爲了專心經營，縱萬分不捨，將每日都有不錯收入的五金行盤出。一九五四年大明戲院有限公司正式成立營運，《聯合報》五月十四日刊登大明戲院開幕啓事，第一部放映電影《鳳凰于飛》。

文敏雖沒有戲院經營經驗，戲院開幕後，營運不理想，老闆娘主動要求加入排片、選片。不只請教他人，也觀察、分析同業賣座片。跟著排片人到八大公司片商辦公室，她很快就抓到竅門，了解眉角，漸漸主導與片商的接洽和交易，也和他人拿著現金加入競標。於是，大明戲院也開始有機會上映如《亂世佳人》、《圓桌武士》、《宮本武藏》等世界賣座大片。《亂世佳人》曾創連續客滿十六天的紀錄，票房收入漸入佳境，轉虧爲盈，大明戲院和三重埔幾家老資格戲院形成競爭態勢。

臺語電影熱潮，開辦「大明影業社」《女性的仇人》初試編劇啼聲

雖說爲了家計，文敏排片、看片，挑過美商

(7)

(7) 大明影業員工出遊（圖片提供：陳炎生）。

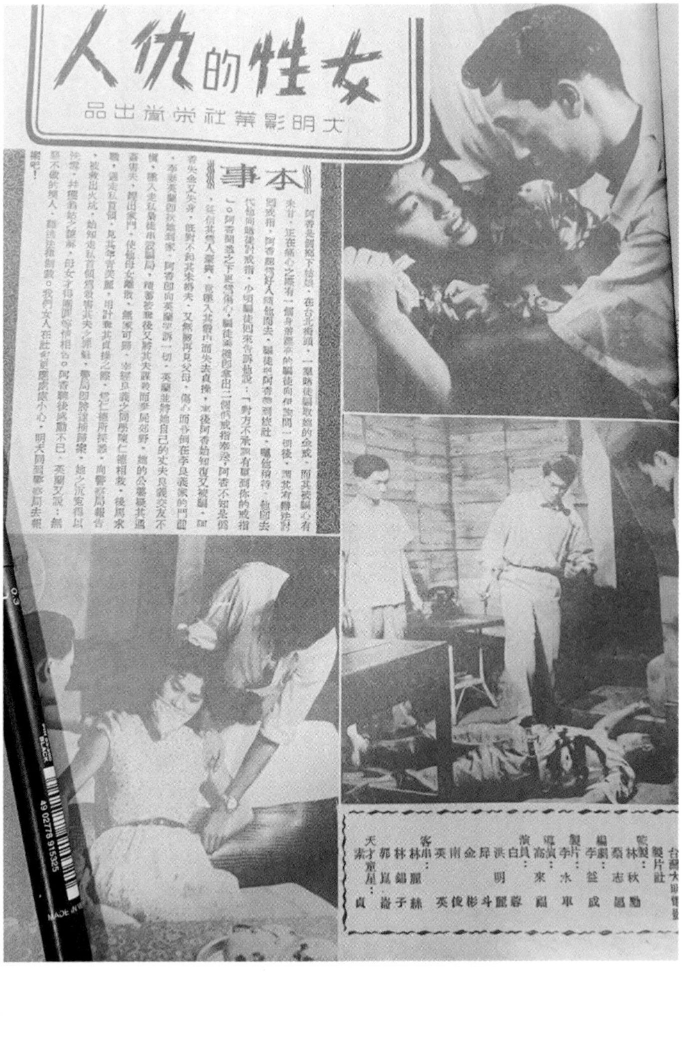

女性的仇人

大明影業社榮譽出品

本事

阿香是個鄉下姑娘，在台北街頭，一羣賭徒騙取她的金錢，而其被騙心有未甘，正在痛心之際有一個身著體面的騙徒向伊詢問一切後，謂其有辦法討回戒指，阿香認為好人就隨他同去，騙徒與阿香轉到旅社，囑她稍待，他回去代她向賭徒討戒指，少頃騙徒回來告訴她說：「對方不承認有騙到你的戒指」。阿香聞悉之下更覺傷心，騙徒乘機即拿出二個偽戒指奉送，阿香不知是偽，遂信其為人豪爽，竟墜入其彀中而失去貞操，事後阿香始知復又被騙，阿香失金又失身，既對不起其未婚夫，又無顏再見父母，傷心而昏倒在李良義家的門前，李妻英蘭即扶她到家，阿香即向英蘭泣訴一切，英蘭並將她自己的丈夫良義交友不慎，誤入走私集團串設騙局，陸續蓄意謀後又將其夫謀殺而棄屍郊野，她的公公舉其遇害情夫，趕出家門，使她母女離散，無家可歸，幸賴良義之同學陳仁德相救，後周來臨，遇走私首領，見其年青美麗，用計奪其貞操之際，幸仁德所探悉，向警察局報告，被救出火坑，始知走私首領為謀害其夫之兇手，警局即將該犯捕歸案，她之沉冤得以洗雪，并獲看她之孤孀，母女才得團圓聚首相會。阿香聽後感動不已，英蘭又說：無怨不做虧心事人，我們女人在社會上更應該處處小心，明天同到警察局去報案吧！

台灣大眾電影製片社

監製：林秋勳 蔡志遠

編劇：李萱成

製片：李水車

導演：高來福

演員：白容 洪明麗 昇斗 金彬 南俊 英英

客串：林耀森 林錫子 郭嵐崙

天才童星：素貞

(8)

及日本名片，細讀研究電影「本事」和電影製作書，加上自己熟讀古書、傳奇，也開始對電影編劇產生興趣。後來擔任導演因一場意外的危機，發行則是她的生意眼光。

一九五六年麥寮拱樂社製作、何基明導演的歌仔戲電影《薛平貴與王寶釧》上映，衆人驚訝「皇帝也會講臺語」，票房熱烈，「將過去不看電影的觀衆大把抓進戲院」⑥，揭開了臺灣臺語片熱潮序幕。看見全臺數百萬臺語觀衆，和東南亞各地講福建話的華僑廣大市場商機，陳文敏和林新村也創立「大明影業社」，開始投資拍片。第一部發行並由文敏編劇（但未掛名）的電影是時裝片《女性的仇人》，製片是李水車，導演高來福（即後來的演員扈斗）也兼男主角。接著又發行並寫了《薛仁貴與柳金花》、《薛仁貴征東》劇本，找來臺語片當盛的邵羅輝執導。

《薛仁貴征東》是當時超大型古裝戰爭片，導演帶著大批人馬到后里馬場拍戲，各項費用加上嚴格要求品質，進度嚴重落後，預算一再追加，原本互相尊重的經營者文敏與邵導演意見衝突，邵羅輝一氣離開，留下三個多小時未剪接的毛片，並帶走「拍攝記事」。眼看百萬投資，可能血本無歸，文敏帶著毛片到臺中「中影」片廠求助，但沒有「拍攝記事」，無人能幫。文敏不服輸、不甘心，借了剪接機，憑著「看電影」的經驗，也幸好自己是編劇，開始剪輯，補拍戲份及配音後，看到成品的中影片廠廠長說「林太太，你可以當導演了。」

⑻ 大明影業社發行的首部電影：《女性的仇人》，圖為電影本事（圖片由阮芳郁翻拍自：《台灣有影：台影新聞片中的電影》，行政院新聞局出版，二〇一一年）。

十全十美台語片王
昨日爆滿
四大戲院
成功
華宮
永樂
愛國
茫茫鳥
本省攝製社會家庭倫理愛情哀豔感人悲喜劇
陳文敏
中美發行
歌曲六支
悅耳動聽

⑽

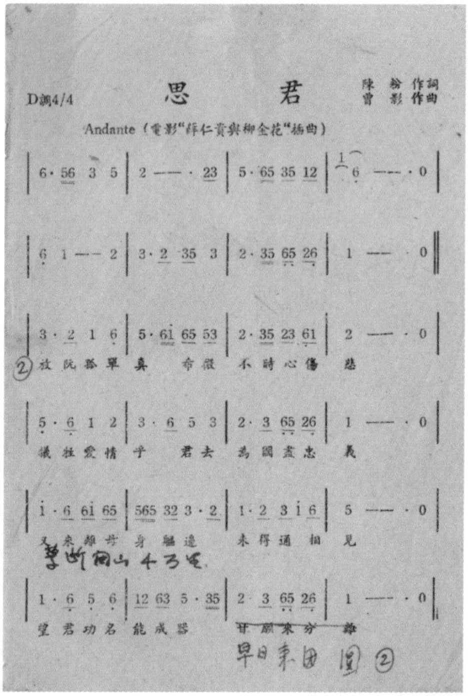
D調4/4
思　君
陳紛作詞
曾影作曲
Andante（電影"薛仁貴與柳金花"插曲）

⑼

危機意外，無師自通，成為臺灣第一女導演

「無師自通」的陳文敏究竟會不會編戲、導戲？

當時臺語片拍攝，多與歌仔戲班、劇團合作，「大明影業社」自《薛仁貴與柳金花》、《薛仁貴征東》開始，就與「白蘭古裝劇團」合作，甚至包下整個戲班，人稱「白毛仔」樂師的女兒白蓉是靈魂人物，另一位女兒的先生是廈門音樂系的曾仲影，後來成爲電影、電視樂壇重要創作者。與文敏合作的白蓉回憶，「陳導演簡直是天才，她雖然不是歌仔戲科班出身，卻可以用她漢文的根基來編唱詞，像七字仔或都馬調等戲中需要的對白、唱詞。有時還利用開車往片廠的途中，在車上一邊編、一邊教，而演員們也很配合她這種即興式的作風。」⑦

獲二〇二〇年傳藝金曲獎特別獎，創作膾炙人口〈一顆流星〉歌曲的曾仲影，從《薛仁貴與柳金花》開始製作電影配樂，也曾參與文敏的電影《苦戀》演出，他回憶，「陳文敏雖懂戲，卻對鏡頭沒什麼概念，起初拍片不只不懂分鏡，甚至喊下『卡麥拉』後，自己人還擋在鏡頭前。」⑧「當時的環境，所有人都是邊做邊學，…甚至導演的風格也經常在拍攝過程中隨意改變」⑨。

---

(9) 大明影業社與白蘭古裝劇團合作的《薛仁貴與柳金花》，電影中插曲〈思君〉，由陳文敏（陳粉）作詞，曾仲影作曲（圖片提供：曾英峰）。

(10) 陳文敏第一部自編自導的電影《茫茫鳥》上映廣告（圖片來源：《聯合報》，一九五七年九月六日，第五版）。

陳文敏說，當年拍電影的演員待遇是月薪或按日計酬，不但日夜搶拍毫無怨言，也不歧視自己是「自修」的女導演，因此自己導演工作順利。

報刊影劇版主編、早年少數關注臺語片的電影研究者黃仁說，因臺語片是一窩蜂興起，來不及培養人才，很多人專業知識有限，靠看電影爲師，「無師自通」的導演多，也是臺語片一個特色[10]，但最有成就的其一是陳文敏[11]。她以連環漫畫結構爲分鏡藍本，將情節轉變交代清楚，頗能吸引觀眾。

控預算，懂宣傳，深諳女性心理，電影風光叫座

文敏拍電影集中在一九五七年到一九五九年間，正好在臺語片第一波高峰上，《臺灣電影百年漂流》一書中指出，一九五六至一九五九短短三年內，臺灣生產了一百七十六部臺語片[12]。那時許多人熱衷拍臺語片，但或因未能掌控預算，或因電影未能打動觀眾，有許多「一片公司」。

陳文敏身兼製片、編導，控預算，懂宣傳，總攬一切成敗責任，一九五七年第一部自編自導的電影《茫茫鳥》[13]上演，電影宣傳及「本事」即掛「本省第一位女編導陳文敏」，九月先在臺北市的愛國、永樂、華工、成功戲院聯映，十一月在大明戲院上映。兩年間，陳文敏完成六部自己編導的電影：《茫茫鳥》、《苦戀》、《農家女》、《可憐的媳婦》、《妖姬奪夫》、《乞丐招子婿》。她因排片經驗，深諳觀眾心理；在商言商，以最低成本獲最高利潤；曾創包下北投一家旅社，日以繼夜以十六天完成《茫茫鳥》的紀錄，《茫茫鳥》是當年度臺語片全臺名列前茅的賣座電影，其他五部片的票房回收也證明陳文敏的做法和眼光。文敏也很有行銷創意，《女性的仇人》上片時，登報徵答「女性的仇人是誰」，以十二隻金錶爲禮物，爲昭公信，答案和禮物交警局保管報備，把警局

也拉來做宣傳。陳文敏打趣說，她的電影是女人片，主要觀衆是「查某人」，而女人一出門，小孩就拖帶好幾個，每個來也要買張半票⑭。

文敏拍的電影今已散佚，但從片名和電影「本事」可知，內容多以女性角色爲主，應和大某、小姨，薄倖男人、弱女孺兒、婆婆苦毒媳婦、「好女人」、「壞女人」、所謂「女人爲難女人」等傳統父權文化中最困擾女性的家庭、倫理、愛情片，引人落淚，吸引許多弱勢情境中的女性觀衆。從《苦戀》廣告詞：「富翁風流不認老，愛娶年輕小姑娘，用錢強買爲後妻，然後家遭大慘案。」《農家女》：「集父愛、母愛、兄弟姐妹愛、夫妻之愛、友情之愛於一爐；有眞情、痴情、假情、無情、苦情、姦情、恨情之大成。」也見她擅於撩動觀衆情緒。當年這些電影捧紅鏡頭上楚楚可憐、被欺負的「良家婦女」白蓉，和外表冶豔的「惡女」金楓。

電影叫座，也風光入選一九五七年第一屆臺語片影展。主辦者是察覺臺語片發展前景的「徵信新聞社」(中國時報前身)，開幕典禮十一月一日在臺北國立臺灣藝術館舉行，臺語影人皆盛裝出席，十二月三十日晚影展閉幕典禮，也頒發了臺灣第一座「金馬獎」⑮。當年共有三十三部臺語片參展，陳文敏的三部影片《女性的仇人》、《茫茫鳥》、《苦戀》入選，著名的臺語片導演何基明、邵羅輝、白克都只有兩部，可見陳文敏旺盛創作量、「大明電影影業公司」出品量，以及在當時的影響力。

文敏當導演是意外，但如果不是興趣與才能，難以一而再，再而三。身兼編劇導演，又有劇團合作，加上經營影院，構成陳文敏電影事業的鐵三角，打通從創作到出品的環節；風光的戲院老闆娘兼臺語片首位唯一女導演陳文敏，有自己專用的私家白色三輪車，在那個年代，不可不謂傳奇。關注陳文敏的黃仁說：陳文敏自編自導自製，還能自己配音、剪接，不僅在臺灣的國、臺語片圈，甚至當時上海、香港也未見如此勇於挑戰，刻苦、好學的女導演⑯。而丈夫林新村的完全信任當然也是助力。陳文敏曾說，畢竟那時候還是男人比較有權，先生贊成，她才敢拍片[17]。

陷困，大明戲院轉手，為生計，逢鄉過鎮，遊牧放電影

林新村是地方人物，「醉心地方事務」[18]，曾任三重鎮民代表。一九五八年一則新聞批露「三重大明戲院日前發生流氓看白戲被阻，積恨報復，放蛇入院，搗亂秩序，五月二十三日中午約十二時十分，戲院老闆林新村（陳文敏之夫）在院內新建辦公室前，見看白戲的王姓、李姓、林姓流氓等一行前來，見勢不妙，欲避遭阻，王、李、林等抽出武士刀，向林雙腿連砍七刀，砍斷右腿骨，林新村舉起雙手求饒，又被砍傷四刀，倒臥血泊，兇手呼嘯而去。傷者性命垂危，送醫搶救，多日後始脫離險境，兇嫌被捕後移送法辦。」[19]當年三重利益糾葛、地方政治複雜，三重電影界有人曾說：「大明與天臺腳下兩幫派殺得厲害（指「大明口」「天臺幫」）」，又說「林新村很奮鬥的人，他的太太脾氣較壞，不讓兄弟（流氓）去戲院看白戲。」也有人說：「他太太不夠圓滑」[20]。文敏的兒子陳炎生回憶，其實當年陳文敏寫劇、導戲忙碌，根本無暇管戲院事務，且經常是丈夫在外與人應妥大小事後，負責買單收尾的人。當時「教訓」不讓人看白戲甚至是「英雄」行為，加上傳統男人世界瞧不起女性及要求柔順，陳文敏能幹、「gâu píng-piàn」，也承受譏諷和莫名的責難。這或也是文敏後來電影事業受阻的原因之一。

再怎麼能幹，無法一心多用，戲院管理與排片轉託他人，林新村傷害事件發生後，文敏照顧重傷送醫的丈夫，結果因戲院用人不當、投資過度，遭坑，「大明戲院」轉手，由債權人承繼一切資產與債務。文敏懊惱奔波後，認清現實，只是對挹注戲院很多的大哥隆德愧疚。但即使資產大於負債，她婉拒某些債權人為新

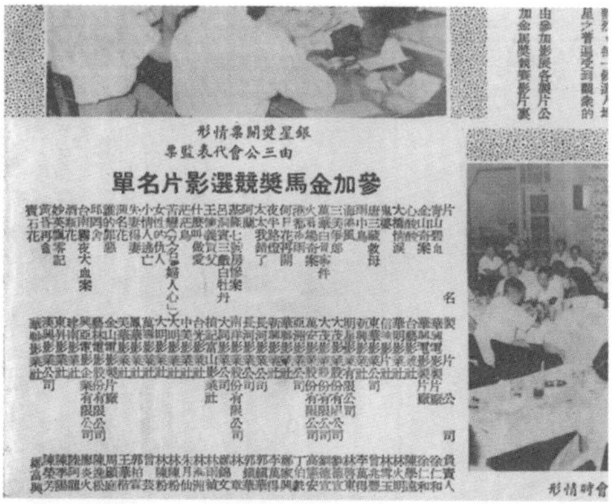
銀星獎開幕情形
由三公會代表監票

參加金馬獎競選影片名單

(12)

(13)

(12) 陳文敏的三部電影《女性的仇人》、《茫茫鳥》、《苦戀》入選第一屆臺語片影展（圖片由阮芳郁翻拍自：《台灣有影：台影新聞片中的電影》，行政院新聞局出版，二〇一一）。

(13)《徵信新聞》（《中國時報》前身）一九五七年主辦的第一屆臺語片影展特刊封面（圖片由阮芳郁翻拍自：《台灣有影：台影新聞片中的電影》，行政院新聞局出版，二〇一一）。

村九個子女留教育費的提議，文敏說，事業失敗可以東山再起，不願日後落人「施捨」口舌。

離開三重是非之地，爲了籌措子女生活費，文敏籌資，拍了十六釐米的《乞丐招女婿》，電影殺青後，帶著長子，搬放映機，野臺戲般全省巡迴、遊牧放映，逢鄉過鎮，有戲院就停。因片名易懂討喜，還頗受歡迎。一九六○年秋天颱風過境，八七水災，全團人爲趕到下一站演出，險些在南部遭遇斷橋落水滅頂，入冬，最後一站到臺東縣關山鎮。陳炎生敘述當年六歲所見、難以抹滅的記憶畫面，一個秋天夜晚，在南臺灣小鎮不知名的路邊龍眼攤，和母親並坐椅條上，天真吃著龍眼的男孩，卻看見默默無語的母親「望著遠處正在放映影片的戲院，眼淚順著她的臉頰往下流。」㉑

驚鴻一瞥，才華受肯定，但後人忽略發掘本土電影藝術人才，功不可沒

一九六○年代後，不乏有人欣賞文敏才華，願意出資讓她拍電影或作排片人，尤其是長期與大明影業合作的片商上海「中一行」老闆朱宗濤，戲院結束後，力勸文敏不要放棄電影，但文敏婉謝。當時文敏必須照顧重傷在床的丈夫，和一大群嗷嗷待哺的小孩，怎能一人「光鮮」在外 工作。雖不再拍戲，文敏曾爲中南部臺語片業者寫了數個劇本，爲窮困日子稍解燃眉之急。如今陳文敏留下的也就是一部當時改編自陳杏元和番故事的臺語歌劇《二度梅》㉒。

隨著丈夫過世，臺灣政局變遷，一九八五年文敏雙手捧著祖宗牌位，再一次跨洋過海，一家移民美國夏威夷。一九九三年底，文敏以臺灣第一位女導演殊榮，應邀回臺參加金馬獎三十週年活動，並接受電影資料館專訪；意外而巧合，同年，臺灣民間學辦以女導演爲主的第一屆「女性影像藝術展」(今「臺灣國際女性影展」前身)。之後，鮮少有人提起陳文敏。黃仁曾批評二〇〇六年紀念臺語片歷史五十周年活動，「最令人遺憾的是臺語片唯一女導演陳文敏，當時包括在上海中國影壇，女導演也只有陳文敏一人，這次慶典中居然沒有提到她。」㉓二〇一五年，三重社區大學曾為家鄉三重埔的陳文敏導演舉辦展覽，老戰友曾仲影也出席。

陳文敏電影事業短暫但不能忽視，她發掘了許多後來頗有名望的電影、藝術工作者，如：啓用樂師曾仲影擔任電影配樂、參加演出、進入電影音樂創作，曾仲影以個人才情努力更為後來楊麗花電視歌仔戲樂曲創作貢獻；啓用戽斗（高來福）做導演兼男主角；另外如：金楓、白蓉、傅清華（後為電影製片協會理事長）、矮仔財、武拉運、月英、愛子（阿匹婆）、文玲、賴德南、林沖……等，都在文敏擔任導演時合作拍片。臺灣本土電影發展之初，她身兼導演和製片人，為臺灣電影發掘創作人才，有不可磨滅的貢獻。

我是「勇勇馬 縛佇將軍柱」
難道只有男人能做？
女人也可以做看看，才不會給男人看輕

陳文敏自謙為家計拍電影，但陳炎生回憶，兒女自立後，六十歲的母親曾說「我是勇勇馬 縛佇將軍柱」㉔，也曾說自己「跌入兒女坑」。如果不是因為家庭／族，陳文敏不會走上電影，如果不是因為家庭／族，陳文敏不會離開電影，年產量驚人，但時間太短，沒有延續；縱先生支持信任，妻、母、女角色縫隙中，難得有創作發揮的自由與機會，時代角色期待（或限制），曇花一現，終究可惜。但五〇年代男性的電影世界，陳文敏努力學習、毫不遜色的才華、堅持和抗衡不屈，不易且難得。陳文敏七十三歲受訪時曾說，她只是想，難道只有男人才能做嗎？女人是否也可以來研究、做看看，才不會給男人看輕，自己就大膽拿出勇氣㉕。父權倫理濃厚的時代氛圍中，女性觀眾落淚之餘，銀幕上或「好」或「壞」的女性影像與現實中女導演身影交織組合，後人

可以有不同的想像。

二〇二二年二月十一日，陳文敏於夏威夷家中過世，她生育七男三女，一九五七年至一九五九年發行及編、導共八部電影，並有數本劇本。目前國家電影資料中心僅存由吳文超導演、陳文敏與林福地同列編劇之作《二度梅》。

(14)

(14)晚年的陳文敏，移居美國（圖片提供：陳炎生）。

註釋：

① 見黃仁編著《開拓臺語片的女性先驅》，2007。
② 陳文敏一生共生育七男三女，也因父親陳旺希望文敏爲無子嗣的四位叔伯傳承香火。
③ 見1993年《聯合報》記者藍祖蔚專訪。
④ 訪談三重文史工作者張明祥口述。
⑤ 《聯合報》1956年7月調查報導，三重鎮大明戲院上映西片《歷盡滄桑一美人》(Elena and Her Men，1956)，同一部片子在臺北市上映時全票票價起碼七元，與北市一橋之隔的三重鎮只要二元五角。
⑥ 見蘇致亨《毋甘願的電影史》第一章〈臺語片出頭天〉。
⑦ 見陳炎生著，《臺灣的女兒：臺灣第一位女導演陳文敏的家族移墾奮鬥史》，頁228。
⑧ 根據電影研究者蘇致亨2016年9月17日訪問曾仲影的紀錄(見《毋甘願的電影史》)
⑨ https://magazine.ncfta.gov.tw/onlinearticle_133_804.html
⑩ 見黃仁《悲情臺語片》，第一章第五節〈無師自通的導演群〉，臺灣電影史叢書，1994。
⑪ 黃仁認爲，臺語片中「無師自通」的導演最有成就的是陳文敏和林福地。
⑫ https://www.twreporter.org/a/mini-reporter-first-golden-horse-award
⑬ 根據1957年8月1日的第一期《影劇周報》資料，本片爲陳文敏及陳義興共同執導。
⑭ 摘自陳文敏1993年回臺接受國家電影資料館專訪。
⑮ 見蘇致亨《毋甘願的電影史》，頁96。
⑯ 黃仁編著，《開拓臺語片的女性先驅》，2007，頁11。
⑰ 陳文敏1993年回臺接受電影資料館專訪。
⑱ 參見陳炎生著，《臺灣的女兒：臺灣第一位女導演陳文敏的家族移墾奮鬥史》。
⑲ 參見臺灣影視聽數位博物館：https://tfai.openmuseum.tw/muse/digi_object/c90277409ea896d129b691cea4ce1d97
⑳ 參見蔡棟雄編《三重唱片業·戲院·影歌星史》，2007。
㉑ 陳炎生著《臺灣的女兒：臺灣第一位女導演陳文敏的家族移墾奮鬥史》，頁241。
㉒ 《二度梅》分上下集，1962年發行，導演：吳文超，編劇：陳文敏、林福地。
㉓ 見黃仁〈台語片五十年，該獎的沒獎...〉，《聯合報》，2006年11月10日。
㉔ 比喻懷才不遇。
㉕ 1993年國家電影資料館專訪陳文敏。

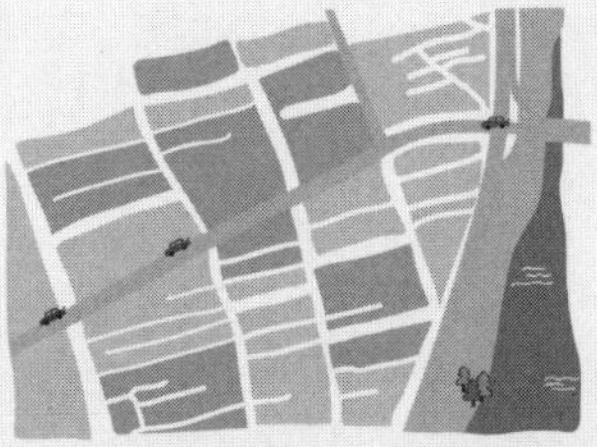

大明戲院舊址：

新北市三重區中央北路37號。

交通資訊：

自捷運台北橋站下車後，沿重慶新路一段步行約1分鐘，左轉至中央北路步行約3分鐘即可抵達。

參考資料：

1.黃仁著，《悲情臺語片》，臺灣電影史叢書，1994。

2.陳炎生著，《臺灣的女兒：臺灣第一位女導演陳文敏的家族移墾奮鬥史》，玉山出版，2003。

3.黃仁編著，《開拓臺語片的女性先驅》，禾田科技出版，2007。

4.蔡棟雄編，《三重唱片業·戲院·影歌星史》，臺北縣三重市公所出版，2007。

5.謝素珍，〈三重埔的中南部移民及其宮廟〉，政治大學民族學系碩士論文，2010。

6.蘇致亨著，《毋甘願的電影史——曾經臺灣有個好萊塢》，春山出版，2020。

7.劉亞玉，〈臺灣第一位導演陳文敏，爲何消失在影史中〉，《她們的視點——臺灣女性導演研究1957-2000》。

8.張琦凰，〈重新看見三重：鏡頭下的三重〉：http://rivepublish.blogspot.com

9.〈淡水河畔新樂園〉，三光國小風土教材：http://163.28.10.78/content/local/taipei/chenkao/sc/join.htm

10.臺灣影視聽數位博物館：https://tfai.openmuseum.tw/muse/digi_object/c90277409ea896d129b691cea4ce1d97

11.「三重譜世界曲」，新北市立明志國民中學：https://nas.mcjh.ntpc.edu.tw/passport/Module/Pages/Index.php?ID=2

福爾摩沙的女人樹

——杜潘芳格的詩歌花園

文．羅思容（圖片提供：杜興政）

一生寫作不輟的杜潘芳格，從一個客家女兒，經歷爭取自由戀愛的自主人生，雖受家務綑綁仍堅定創作意志，她跨越語言和國籍的一次次轉換，成爲母語書寫的先驅。

她的詩篇不僅是個人的、客家的，也是女人的，並且是屬於福爾摩沙的、世界的。

杜潘芳格

新竹縣新埔潘宅

新竹縣新埔鎮新生里和平街170號

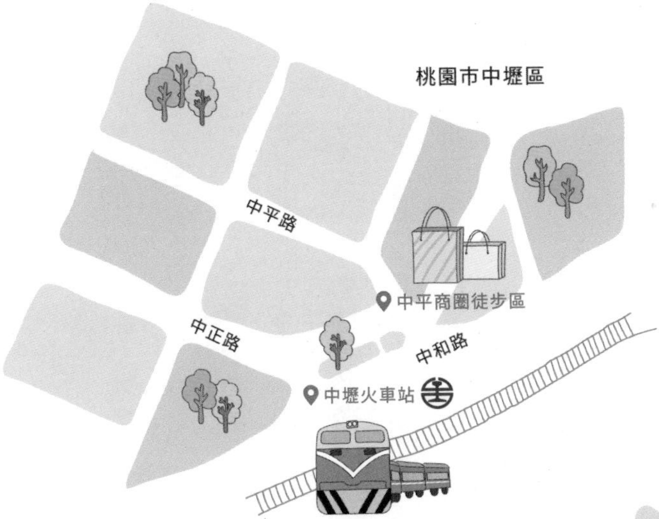

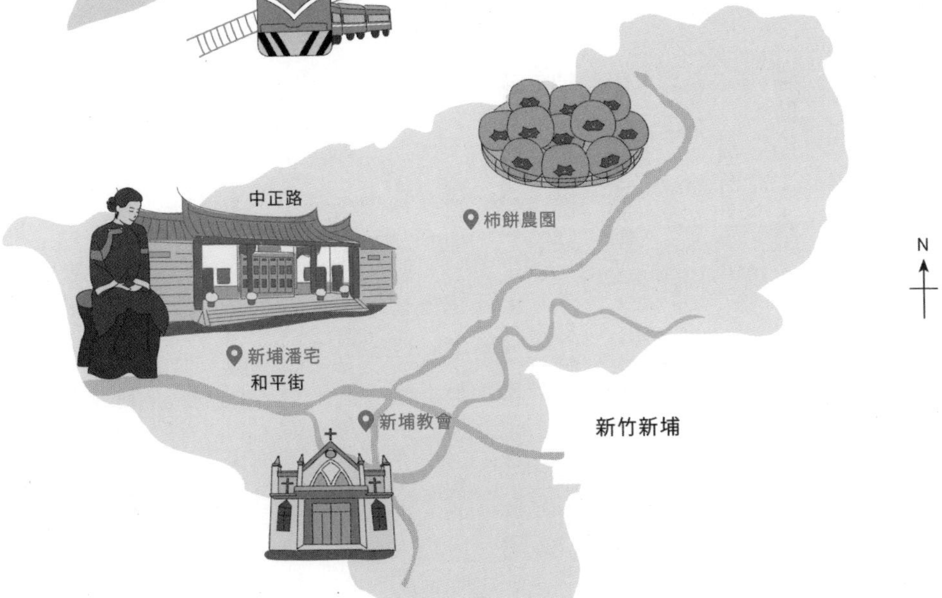

我也是／誕生在島上的／一棵女人樹
——杜潘芳格〈相思樹〉

杜潘芳格，有著多重的身份，女性、客家人、基督徒、現代詩人、跨越語言的一代。誠如十八世紀的德國哲學家J.G.Hamann說：「詩歌是人類共同的母語」，詩歌不僅是個人的，更是民族的，也是世界的。一生寫作不輟的杜潘芳格，從〈福爾摩沙少女日記〉開始，以文字和生命經歷共生共榮的人生，也育長成一棵繁茂豐美壯闊的福爾摩沙女人樹。

福爾摩沙少女日記，開啟女性書寫的一生

杜潘芳格，本名潘芳格（婚後冠夫姓，爾後以杜潘芳格之名發表作品），一九二七年三月九日出生於新竹新埔，客家人。出生後即隨父母至東京居住。祖父和父親都當過日治時期的新埔庄庄長，父親後來更成爲第一位新埔鎮鎮長。由於家境富裕，六歲返臺就讀新埔「小學校」（日本人就讀的小學），那是一段非常不堪的回憶。由於「本島人」身分而遭受日本小男生的欺負與霸凌，被殖民者的委屈與悲哀，也讓杜潘芳格從小養成藉由閱讀，找尋逃逸痛苦現實世界的出口。

十三歲，進入新竹高等女學校（今新竹女中）就讀，十五歲開始嘗試以日文創作小說和散文，尤其是從少女時期就喜愛閱讀思考的杜潘芳格，對生命、生活總有許多的想法和體會，她都書寫在日記中。當時正是二次世界大戰末期，雖然沒有天天書寫但是也留下數量可觀的日記，不僅是珍貴的常民文化史料，也記錄了臺灣社會戰爭末期以來的過程。少女時期的日記由日本學者下村作次郎協助整理，出版《福爾摩沙少女の日記（フオモサ少女の日記）》。

福爾摩沙少女杜潘芳格在新竹高等女學校念書時期，文學、藝術、哲學、思想的薰陶，讓她的心眼被世界打開，她日常的記錄主題內容無所不包，柴米油鹽、戀愛煩惱、世界思潮、天文宇宙相關的內容都在日記中留下書摘或是閱讀後的

感想和隨筆。

愛花成癡，詩篇如一座繽紛的花園

在母胎以前　它已經是花

——杜潘芳格〈花〉

新竹高等女學校畢業後，杜潘芳格北上就讀臺北女子高等學院，學習花藝、茶道、裁縫等家政課程，兼修一些歷史、文學的科目。

女詩人說她應該打娘胎以前就是花。她愛花成癡，她的家裡日日有花，而她的詩篇更是一座繽紛的花園。白百合花、含笑花、玫瑰花、玉蘭花、薔薇、鳳凰花、相思樹花、紫色杉龍膽花、櫻花、梅花、鬱金香、桂花、水仙花、拜歲蘭、白芙蓉花⋯，都一一被寫成詩。

甚至婚後，一度因爲經濟的困頓，杜潘芳格清晨到臺北花市批花，當起插花老師。她的生命歷程也和她經營的詩歌花園一樣，令人驚喜而充滿多元富饒的靈魂力量。

「他們各個不同的姿態綻放著。活脫脫地吸取水分，悄悄地漾出它們的生命—濃濃的花香。想必它們還會那樣地綻開一段時間吧。想來，就在那個有墓的小小的山村，在那些檳榔樹下，這一刻那些花蕾也齊放，以她們那種素淨的白，把村子裝點的清麗脫俗吧。白色的百合花⋯⋯想來這一刻，村子，少女們，死者們，全都被花香輕輕地籠罩住吧。」

——摘自散文〈百合花〉，鍾肇政譯

傳統客家女性，「浪漫」嗎？

看似自由浪漫的杜潘芳格說，她在十七歲之前的生活其實是非常痛苦。在男尊女卑性別歧視的封建思想下，她目睹畢業於東京帝大，高居上流社會的慈愛的父親潘錦淮當年擔任新埔庄長，雖然被日本人重用，經常和日本的政商往來與他們喝酒，但是臺灣人和日本人的身分階級，使得潘錦淮必須逢迎拍馬，處處受壓抑，心中的怒氣只好轉移在杜潘芳格的母親身上，回到家裡就會打她的母親。

(1)

雖然身爲家族中的長女有如掌上明珠般很得父親的疼愛，受傳統思想教化的母親，雖然可以自由地上教會做禮拜，但是家庭生活的大小事，依然要承攬。生活嚴格的母親，對身爲長女的杜潘要求也很多，例如衛生清潔的工作，爲家人縫製衣服、繡花、種菜、澆水、餵豬等家務，也都在母親嚴格的監督下學習並參與。

傳統客家女性一直是客家家庭結構下最重要的生產勞動力。她們勤儉務實、恪守本份；她們被凝塑成溫良恭儉讓，無論是耕種、女紅、砍柴、烹煮、侍奉長輩、照顧孩子、維持家庭經濟，皆落在客家婦女的肩頭，她們是傳統客家文化賡續傳承的脊樑。

在鍾理和、鍾肇政及李喬筆下的客家婦女被描繪成無盡付出、無限包容、無我無欲的母儀風範，辛勤勞動於家族、於社會、於國家，是犧牲奉獻的大地之母，三從四德、四頭四尾的完美女性。

有傳統歌謠爲證：

客家姑娘，雞啼起床。梳頭洗面，先煮茶湯。
灶頭鍋尾，光光端端。煮好早飯，剛剛天光。
灑水掃地，擔水滿缸。吃完早飯，洗淨衣裳。
上山撿柴，急急忙忙。淋花種菜，燒湯熬漿。
紡紗織布，不離間房。針頭線尾，收拾櫃箱。
不說是非，不敢荒唐。愛惜子女，如肝如腸。
留心做米，無殼無糠。人客來到，細聲商量。
歡歡喜喜，撿出家常。雞春鴨卵，豆豉酸薑。
有米有麥，曉得留糧。粗茶淡飯，老實衣裳。
越有越儉，不貪排場。就無米煮，耐雪經霜。
檢柴出賣，不畜私囊。不偷不竊，辛苦自當。
不怨丈夫，不怪爺娘。此等婦人，正大賢良。
人人說好，久久留芳。能夠如此，真好姑娘。

(1) 杜潘芳格少女照。

(2)

從這首傳統歌謠中，可以窺見傳統文化給予客家女性的規範，不僅是日常言行的道德規訓，還加上勞碌不完的家務重擔，客家女性唯有犧牲奉獻一生，才是客家好姑娘，才能久久留芳。

「浪漫」臺三線的浪漫情事對傳統客家女性而言，何來浪漫？

或許在杜潘芳格的愛情與生命自覺中，形構了一股叛逃的力量，而這股浪漫顛覆的力道，就從她的愛情和詩作中見證。

自由戀愛，自主選擇的人生

含笑花喲含笑花
你來過我的房間
和我共下食三餐（共下：一起）
共下去散步
生生的含笑花
你甜甜的抱著我
我家不曾斷花香 也不曾斷愛心

——杜潘芳格〈含笑花〉

在父親和祖父的觀念裡，女兒的婚約必須依照門當戶對的傳統觀念來安排。根據杜潘芳格自己的描述，自她八歲以來，她的父親就開始爲她物色結婚的對象（父親有多焦慮啊）。挑選的對象不是名門世家至少也要門當戶對，講究名望身分，重視家產。可是她母親的意見就大不同了，母親說要嫁就要嫁基督徒，只要不會被丈夫欺負，嫁個普通人可以好好的生活就好。

十七歲的杜潘芳格，當時在新埔旭國民學校擔任代理訓導的工作。這年八月中旬，她和後來的丈夫杜慶壽邂逅。杜先生也是新埔人，家境不富裕，家裡有九個兄弟姊妹，食指繁浩，潘父不

——(2) 杜潘芳格與她最愛的花。

肯讓女兒嫁給杜先生。

後來杜慶壽在臺大當牙醫科的實習醫師，並且開始寫信給杜潘芳格。這個外表瘦小的男子，文筆、才情兼備，博覽群籍，非常有自己的思想見地的杜醫師，深深打動了杜潘芳格。

後來杜醫師就請媒人去潘家說媒，潘父和祖母推說，在祖父靈前擲茭沒有聖杯，因此不贊成這樁婚事。可是當時的杜潘芳格已經打定主意，如果家人不讓她和杜醫師結婚，她就出家當尼姑，她堅持自由戀愛，自主選擇自己的人生。

生活家務的綑綁，創作意志的堅定

婚姻大事雖然曲折多磨，一再被潘家拒絕，但是在杜潘二十一歲那年年底，苦戀的兩人終於有情人成眷屬。爾後十年之間，杜潘芳格成爲二男五女，七個孩子的母親。不僅要照顧孩子、家務，還要幫忙杜醫師處理牙醫診所的事務。

孩子一個接一個出生，讓她忙不過來，那些年甚至自己喜歡的書也無暇閱讀，杜潘說那個時期的日記裏頭記錄的都是和孩子有關的生活以及學校狀況。根據杜潘的兒子描述，從小到大，母親都會和兒女抱怨說：都是你們七個捆綁我，讓我無法自由地閱讀寫作，我眞痛苦，眞想離開你們。當然這些話語的背後，也更加具現杜潘芳格內在強大的創作意志，她說自己如果不寫作，一定會瘋掉。

杜潘芳格在〈我的四個書寫階段〉裡提到：

「第一階段是少女青春期，看到有魅力的男性就會臉紅，心會跳。但那時候，不知道這現象是生物的種族保存本能而來的，是性慾用感情表現的世界。書寫主題＝空想、夢想。也有理想。

第二階段是十八歲到二十二歲結婚前期，書寫＝情書，和前期差不多。桃紅色的晚期。

第三階段是婚後。發現自己的思考錯誤，戀的是自己內心的白馬王子…。後悔不及，但只能忍耐到底，從一切、順一切環境給我的十字架…。書寫＝爆發式嘆氣或者深刻的自我批判，而

(3)

(3)杜潘夫婦與兒女們。

且其深層是不平與不滿。只有母愛，對孩子。子宮是慈悲和同情的同根源語。另外時常都感覺孤立，隔絕。

第四階段是六十歲到七十二歲。經歷生、老，存了病、死，又苦。看聖經，祈禱一日一生涯。右肩、手腕，因爲洗米、掃除、炒菜種種工作罹患風濕痛：書寫＝慢，腳踏實地。靈性方面的。感謝心。」

那個影子 在湖面
亮著
卻
消逝
在深沉的幸福的
背面
常常哭泣著

一顆星星
不論處於怎麼柔弱的時候
也都很堅強的星星

今晚
仍然沉澱在湖底

依稀那樣的姿態
依稀那樣的姿態
背負著不幸
而燦然亮著
是一顆背面的星星

——杜潘芳格〈背面的星星〉

〈背面的星星〉這首詩，一九七三年刊登在《笠》詩刊五十四期。也就是寫於二十二歲至六十歲的第三階段。現實中的「傳統賢妻良母」與「理想的詩人」有所衝突時，杜潘芳格表達了女性主體的掙扎。幸而她從未放棄創作，到了兒女長大成人之後，重新現身詩壇。

女人是天生的嗎？子宮是工具嗎？

西蒙·波娃(Simone de Beauvoir)在《第二性》一書中提及:「一個女人之爲女人,與其說是『天生』的,不如說是社會『形成』的,也就是說,女性的性別認同不是天生的,而是女性在生存劣勢的處境中,透過家庭、職場、母親角色……等,去爭取自身生存的角色和地位。」

在杜潘芳格的詩文書寫中,她以女性視角,書寫女性生存的眞實處境,也不斷地透過日常事務以及大自然的奇異力量,賦予女性豐饒、多元、寬容和神祕的直觀。就像她在〈子宮〉裡寫的:

就有一個子宮
產出各種各樣的生命
子宮係麼个呢(麼个:甚麼)
係一隻過路站
——杜潘芳格〈子宮〉

有人說女性是一個生產的工具,生過七個孩子的女詩人,卻把子宮視爲生命的過路站,重新賦予女性生命主體的自覺與尊嚴。

陰性書寫的實踐者

法國女性主義思想家埃萊娜·西蘇 (Hélène Cixous)於〈梅杜莎的嘲笑(The Laugh of the Medusa〉(一九七五)中首先提出「陰性書寫(écriture féminine)」,她主張女性必須書寫自己。

陰性書寫特別強調女性身體與欲望的感覺話語的表達,包含女性精神內在的歇斯底里或母性的愉悅、不受社會規範的瘋狂所爲等陰性經驗,並在書寫中以自由戲耍、虛構理論、流動性別認同及身分……等多元關係方式,去顚覆或頡頏男權中心固化的文化與身分的象徵體系。

杜潘芳格的〈月桃花〉寫著:「……月桃花在个位(个位:那裡)開垂乳色白花/像婦人家的乳房垂開一波一波/長又大的葉下搖阿搖像乳姑(乳姑:乳房)樣……」

陰性書寫強調的是從女性個人的身體、情感、思維出發;再從個人身體的解放,流動到社會、文化、自然關係的鬆脫。杜潘芳格的陰性書寫充分印證了女性書寫絕非閨情或私密性的個人隱私，她從日常的柴米油鹽以及生活周遭的細微描寫，表達對生死的看法，或是透過不斷的凝視與穿越，重構通俗日常的神聖意涵。

生命鐘告中午了，快快洗米，燒飯，快哟！！
棄掉黃朽腐爛的枯葉子，選擇清嫩的青翠綠葉，
開火、炒菜、煮湯。
餵養你我有形的生命體。

——杜潘芳格〈秋晨〉

日常的興味提煉生活美學

日常生活中，無論是花草樹木、蟲魚鳥獸或是人情瑣事、倫理親情等，杜潘芳格都以無比溫柔幽微、生動細膩的文字來刻畫，有一首詩〈問〉，呈現杜潘日常穿梭於廚房和丈夫診所的場景之間，把烹飪家常美食和診所看診的緊張嚴肅，甚至友人噩耗的死訊，雜揉交織成一種獨特的人生況味。杜潘芳格從日常的簡樸生活中信手捻來的內涵，彷彿開啓了一扇生命的風景，而她始終深情、顫慄、真實地凝視，毫不畏懼。

在廚房裡，把一撮鹽巴撒在豆腐上
——用我顫抖的手指，
用我朦朧的眼睛。在門診部
「安靜！」
正在給一個小孩病患治療的老醫師吼叫著。
為了不使鼓膜受傷，
必需把小孩的身子，頭部緊緊固定住。
「不要動！動了，會把鼓膜弄破啊！」
顫抖的手指緊緊地握住治療器具。
煎好豆腐，加上蔥，滋——一聲倒下醬油
端到確實還活著的人們的餐桌上
盜賊突然在意料不到的時候來襲（註）
友人們也同樣突如其來地受到死的侵襲。
已經有好幾個了
是真的嗎？
顫抖的嗓音問：有人說死不足懼。
（註：新約聖經，帖撒羅尼迦前書第五音第二節：
「主的日子好像夜出的賊一樣。」）

——杜潘芳格〈問〉

信仰堅定、傳播福音的後半段人生

由於母親是基督徒的緣故，基督教思想和凡事禱告的習慣也無形地影響著杜潘。一九六七年九月十七日的一場嚴重的車禍，導致杜慶壽的肋骨斷了好幾根，甚至刺到肺部，大量出血。醫生安慰杜潘芳格恐怕要爲她先生準備後事了。女詩人回憶當時：「我不斷地禱告，祈求上帝讓我先生好起來，我一定會全心全意做神的義工，向一向最迷信的客家人傳教。」

未曾經歷生命這般巨大的脆弱和無常的杜潘芳格，日夜不住地禱告，祈求上帝讓她的先生好起來。經過四十幾天的治療，杜先生從鬼門關走回來，奇蹟似地恢復。而後他們對基督教的信仰更虔誠堅定，也積極參與在客家地區的基督教傳播福音的工作。也由於虔誠的信仰，她的詩作更加走向神祕經驗中超越生死的宗教情懷。

把死亡到重生的轉化過程，形容得溫柔可人，甚至對「死亡」(基督思想認爲人的死亡是重返上帝的懷抱，返回天家)的喜悅之情。〈在桑樹的彼方〉這首詩是爲父親的死亡而寫的。

蝴蝶會把兩張羽翅整齊地合併而豎立著停息呢，
然而蛾卻是把兩羽翅張開不合，
像飛機一樣停息著。
搬運亡逝的人的靈魂的，傳說是飛蛾呢。

在桑樹的小枝上生滿了許多鋸齒狀邊緣的葉子，
從葉叢細細的隙縫向遙遠的山嶺抬舉了眼。
看到天使們開朗地成群結隊在微笑裡，
爸爸，我也可見到您的笑容，
死，是一點都不可怕的事吧，
是要去好地方嘛。

從桑樹那細細的鋸齒狀的隙縫，
我正向著遠遠的 遠遠的那邊
那高高山巒抬舉十七歲少女的眼眸。

——杜潘芳格〈在桑樹的彼方〉

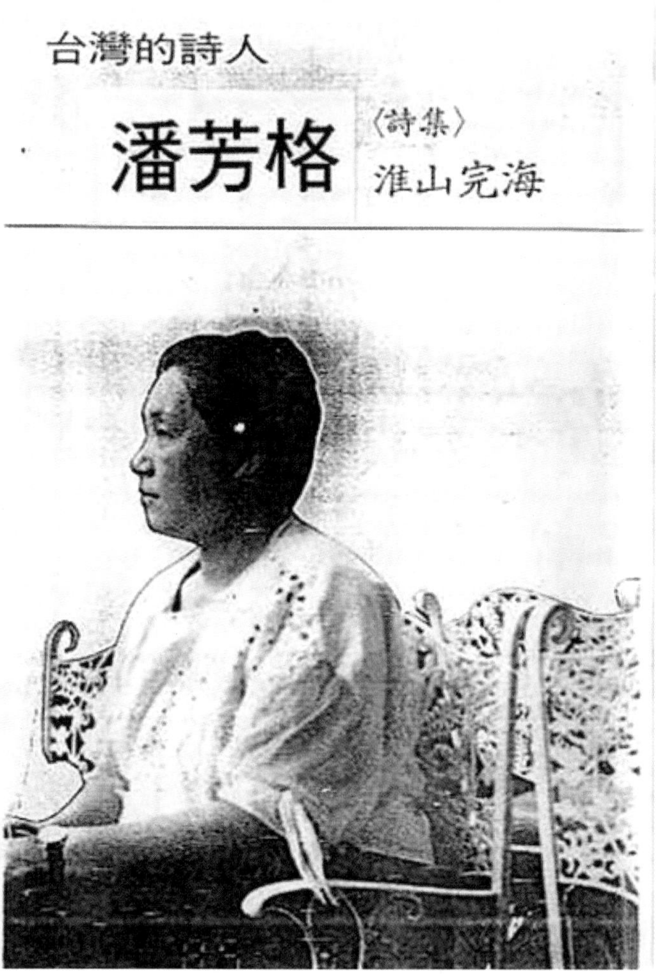

台灣的詩人

潘芳格

〈詩集〉

淮山完海

(4)

靈視的視野，超越生死

女詩人以靈視的視野，觸探眞理、生命和靈魂，也不斷地內省，明瞭生明瞭死。飛蛾張翅搬運亡靈，就像有羽翼的天使，也微笑地擔負亡靈的使者，死，是一點都不可怕的事吧，是要去好的地方，如此，不該悲傷、害怕才對。

她曾說：「我的詩觀就是死觀。死也無悔，不把今天善惡的行爲帶過明天。活一天猶如渡一日，是我的理想。在死的明理上，明理生；對於現實此時此刻，人與人的關係，自然的風景，樹葉，以及路旁的小孩的笑臉，都成爲我詩觀裡珍貴的懷念。語言是映照心靈的鏡子，不能只耽於空虛的夢。在日常生活上，浸於太多的悲哀，是心靈無法顯出適當的語言之故，因此持著『死觀』，超脫『死線』的意象，就是我的『詩觀』。」

人類渴望超越生死，是所有宗教和文化要解決的永恆母題，杜潘說「宗教對我的影響太大了，如果沒有受到神和聖靈的感動，我的詩也寫不出來，並不是想要寫就能寫。」對於至親之人的死亡如此豁達通透，可見杜潘芳格對生死的透徹了解。

杜潘芳格看似了悟生死，但是整體來說，仍是以正面的態度接受死亡的存在。譬如〈悲情之繭〉，她把人的一生解讀爲絞盡全力奔赴死亡，像春蠶吐絲，把自己包裹起來，但是，小蟲、嫩草、樹木、花蕾、鳥兒、風這些大自然物也將陪伴人類奔向生命的彼端。死亡之路看似孤單但並不寂寞，毋須逃避，只需「絞盡全力奔赴生命的彼端」。

(4) 杜潘芳格詩集《淮山完海》封面。

跟隨一切生命的軌跡，
在不可計數的生命歷程之後，
如今，你我也正
絞盡全力奔赴生命的彼端。
小小的蟲兒，細細的嫩草，
樹木、花蕾、鳥兒……
連吹拂浮雲的風也
痛愛悲情之繭，
而將蔚藍的天空捲入白色的懷抱裡，
緊緊地擁著，用
滋潤和藹的眼神和輕柔的
語言，
加以擦拭使天空明亮。

——杜潘芳格〈悲情之繭〉

從跨越語言的一代到三次國籍的更換

在臺灣文學史上，詩人林亨泰於一九六七年，指稱一九二〇年前後出生的作家們，受過完整日本教育，能以流利日文創作，而後日本戰敗，國民政府接收臺灣後，去日本化與母語，全面推動國語運動，而這批當時二十多歲的作家們被迫從日語跨越到華語，重新學習中文創作，故稱這些作家爲「跨越語言的一代」。

一九二七年出生的杜潘芳格就被歸類爲「跨越語言的一代」。她曾自述「我這輩子命中註定更換三次國籍」。她出生於昭和二年（一九二七），以日本人的身分（杜潘的日本名是米田芳子）被迫使用日語。十九歲那年成了中華民國國民，開始學習北京語。其後，因越戰影響以及臺美斷交的世局變動，恐懼自己可能成爲海外難民，驅使她開始做移民美國的準備。歷經負債、家人離散、婚姻危機種種波折，終於在一九八二年獲得美國公民權。但幾年之後，她終究選擇回到臺灣，在這塊「母地」找到安身立命的所在。

三次國籍的更換，對詩人而言也是三次創作語言的適應與挑戰。在這樣的語言轉換中，有人因此停筆，有人經過長時間的努力才得以用中文發表作品。杜潘芳格曾質問自己到底是「跨越語言」或「被語言跨越」的一代？身兼客家族群、跨越語言的一代及女性詩人多重身分，〈聲音〉裡道盡了杜潘芳格在時代變遷中，跨越語言的悲哀，從而使得她更能體驗身處在弱勢邊緣文化的苦處。

> 不知何時，唯有自己諦聽的細微聲音，
> 那聲音牢固地上鎖了。
> 從那時起，
> 語言失去出口。
> 現在，只能等待新的聲音，
> 一天又一天，嚴肅地忍耐地等待。
>
> ——杜潘芳格〈聲音〉

母語是心靈的細胞，沒有母語的臺灣人根本不算真正的人

做爲一位詩人，語言是武器，語言是劍，語言更是穿越世俗表象的銳利心眼，語言的「純粹性」以及「精神內部的深奧性」，都源自女詩人個人生命的豐盛內涵，以及高度的反省批判與堅定的書寫創作意志。

在統治語言的霸權下，面對曲折的語言與歷史的不堪厄運中，杜潘芳格由順服走向顛覆，甚至超越。一九八七年臺灣社會面臨重大的改革，從國民政府接手臺灣以來，持續三十八年的臺灣省戒嚴令正式宣告解除。一九八八年一群客家人在臺北發動「還我母語運動」，目的是希望臺灣的母語包含客語、福佬語、原民語，都可以在公開媒體和公共場合自由地言說。女詩人也因爲這一波還我母語運動，結識了詩人黃子堯，就在彼此的推波助瀾下，杜潘在一九八九年開啓了客語詩的創作，成爲客語書寫的先驅。

杜潘芳格早在一九八〇年代就自覺地強調母語書寫的重要，她提到母語是要讓我們明瞭「我是誰？」、「我是怎樣的人？」，因爲「母語是心靈的細胞，沒有母語的臺灣人根本不算眞正的人了」。

杜潘芳格最常舉義大利作家但丁（Dante Alighieri，一二六五至一三二一）給她的啓

發。但丁當時用義大利的方言寫《神曲》，當時全歐洲都尊拉丁語爲正式語言，也由於但丁的《神曲》之故，使得Firenze語(當時的方言)變成義大利之後的國語。杜潘芳格認爲，但丁就像臺灣的客家人、原住民、福佬人，一定要用自己的母語創作，臺灣人要尋找「自己的根」，就是要實踐「母語的文字化」。因此她用客語書寫，想找回客家人的根。

書寫能夠與社會、現實互相對話的詩

無論用何種語言書寫，女詩人說自己要寫的是「能夠與社會、現實互相對話的詩」。〈平安戲〉和〈紙人〉是她的代表作，女詩人不盲目謳歌客家傳統文化或風土民情，反而以獨特的洞見和批判，悲憫那些沒有靈魂、沒有自覺、沒有生命的「紙人」，「…秋風一吹，搖過來搖過去／我不是紙人／因爲我的身體是器皿／我的心是神殿…」。

年年都係太平年，年年都做平安戲，
就曉得順從个平安人，就曉得忍耐个平安人，
圍著戲棚下，看平安戲。
該係汝兜儕肯佢做个呵！
（那是你們容許他們去做的啊）
盡多盡多个平安人，情願囓菜餔根，
食甘蔗含李仔鹹。
保持一條佢个老命，看，平安戲。

——杜潘芳格〈平安戲〉

在傳統農業社會，國泰民安、風調雨順、平安富足本是庶民百姓最大的願望。春耕夏耘秋收冬藏，本是人在四季中的循環定律，往往秋收後的農閒，就會舉行酬神謝天的「收冬戲」，客家又稱爲「平安戲」。

戲臺下邊看戲邊啃甘蔗，吃零嘴，一副豐足太平喜慶的生活氣息，女詩人卻臨門當頭棒喝，深刻地提出反詰和質疑，「那是你們容許他們去做的啊」，若人人只求順從忍耐，平安渡日，而缺乏

反抗不義的精神，社會的發展令人憂慮啊。女詩人毫不溫情地寫下這首批判性強烈的詩篇，發人深省。

別具意義的書名

少女時期的杜潘芳格開始大量閱讀西方名著，其中一位美籍作家賽珍珠（Pearl Sydenstricker Buck，一八九二至一九七三）的《大地》深深觸動少女杜潘芳格，於是她開始嘗試寫小說。當時她將自己的小說原稿給一位書店的老闆閱讀，不料這位獨具慧眼的長輩告訴杜潘芳格，妳不是小說家，妳是詩人啊！日記的書寫對杜潘芳格來說，依然持續進行，而詩作的發表是一九六四年加入笠詩社之後。當時還有一位更年長的女詩人陳秀喜，同屬笠詩社的成員。

吳濁流、鍾肇政、陳千武、李敏勇等，都曾經爲杜潘的詩中譯，也更加鼓舞杜潘後續中文與客語詩的創作。一九七七年杜潘出版人生的第一本詩集《慶壽》，是以她的丈夫名字命名。第二本《淮山完海》也以父親潘錦淮，母親詹完妹來命名。其中《青鳳蘭波》詩集的命名也很特別，二女兒叫鳳蘭，「青」和「波」都是女詩人少女時期曾經相互心儀的男性名字。由此可見杜潘從生活生命經歷，信手捻來注入詩篇之中的能力，也彰顯杜潘在身體、情慾、愛情自主的態度，都藉由創作呈顯於作品之中，也顚覆了以男性爲中心的傳統思維，擺脫了父權的框架與制約。

丈夫眼中的杜潘

杜潘芳格與丈夫杜慶壽邂逅於一九四四年，當時杜潘十七歲，杜先生二十歲。杜潘在口述生命史的訪談中提到，當時她發現杜先生雖然是讀醫科，但是也博覽文學和當代思潮的書籍，而且「看得很快，我不知道怎麼才能跟得上他。完全跟不上，他什麼都能念、都能懂。」

有一次有位學者去訪問杜醫師，到底爲何

喜歡杜潘，杜醫師就說，他喜歡杜潘芳格的直率和眞誠。

杜慶壽醫師也曾寫過一篇〈我的妻子杜潘芳格〉，他說：「一、她自己的意見最重要，有不可侵犯的神聖性。頑固的性格永久不變。教會第一，信仰生活第一。

二、一天到晚和神講話（禱告、查聖經），講得也不嫌累，好奇怪的性格，年紀越大越明顯。

三、喜怒哀樂多變化。看起來好忙好忙。

四、有時候一天有十個小時坐在桌前不動，好像在看書或做文章的樣子。這時候休想要和她講話，一講話，她一定會發雷霆，還是走開爲妙。

五、有時是對孫子很好的奶奶，講故事總是講個沒完沒了。

六、綜合起來是好多面的好人物，所以朋友很多，信件很多，筆友也很多。

七、從來不離開自己的裁縫車，而喜歡補衣服、拿針線。」

從這篇短文也不難看出杜潘的眞性情，以及對信仰、生命之愛、創作價值的捍衛與熱愛。

生長於福爾摩沙母地的女人樹

杜潘芳格是一位獨特的詩人，福爾摩沙臺灣是她的母地，也是她宣教的場域。她的詩文以宗教情懷爲基底，以繁茂多彩的物種爲認同的符碼，有母性的溫柔寬容，也有少女的純潔美善，更有哲學家的理性銳利，這一棵女人樹，大地是根基，枝葉繁茂的天空是翱翔的天堂。卑微的日常事物，現實的痛苦與喜悅、生命的質疑與追索，誠實面對自我處境。這棵女人樹以最神祕之眼，最深邃純粹之心，豐沛地滋養著自己，也使女人重新定義自己的存在與價值。

(5)

(5) 在書桌前的杜潘芳格。

葉子們
終究 要把自己還給塵土
堅忍地等到最後的一刻
那燃著夕陽紅燄逝去的一剎那

葉子們
相信 聖經上的每一句話
都是創造的葉子
不是人造的葉子

——節選杜潘芳格〈葉子們〉

杜潘芳格的詩篇，不僅是個人的，也不僅是客家的，她是屬於福爾摩沙的、世界的。

「人生是荒海，而常聽詩和春天和溫柔的心，似盛開的花，那麼美麗而優雅，可是如此從心靈深處思慕著你，憧憬著你，這又好像是第一次」，她的書寫關乎童年、愛情、親情、家庭與自我，對於生活、生命、現實、記憶、文化、世界又有一種獨特的理解與視域。

二〇一五年三月十日，杜潘芳格在過完九十歲生日的第二天清晨辭世。這棵福爾摩沙的女人樹，在她栽植的詩歌花園裡，留給大家永恆的芬芳與智慧。

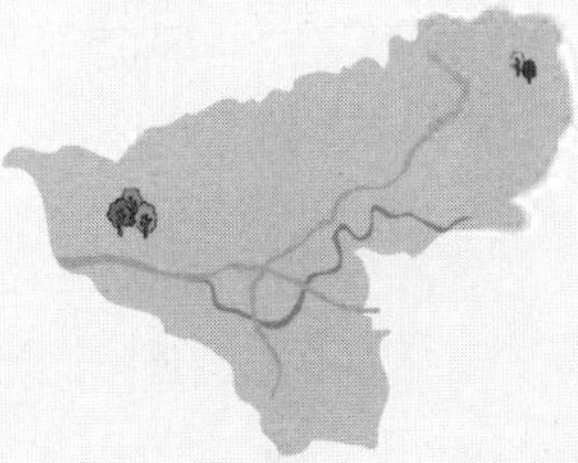

杜潘芳格故居：

新竹縣新埔鎮新生里和平街170號，今新竹新埔潘宅。

交通資訊：

自新竹客運新竹站，搭乘5621經義民廟(往新竹客運新埔站)至「分局前」站下車，沿和平街步行約2分鐘即可抵達。

參考資料：

1.杜慶壽著，〈我的妻子杜潘芳格〉，《笠》詩刊，1987。

2.杜潘芳格著，〈我的四個書寫階段〉，聯合報，1999。

3.藍建春訪問／撰寫，《杜潘芳格生命史》，新竹縣政府文化局，2004。

4.莫渝著，《臺灣詩人群像／綠色荒原的徘徊者——杜潘芳格研究》，秀威出版，2007。

5.莊紫蓉著，《面對作家／臺灣文學家訪談錄(一)》，財團法人吳三連臺灣史料基金會，2007。

6.林惠珊著，〈客家文學中的女性形象與主體敘事〉，國立高雄師範大學客家文化研究所碩士論文，2010。

7.陳慕眞著，〈臺灣島上女人樹 專訪客語作家杜潘芳格〉，《臺灣文學館通訊》，2011年9月號。

8.洪淑苓著，《思想的裙角——臺灣現代女詩人的自我銘刻與時空書寫》，臺大出版中心，2014。

9.劉慧眞著，《客家桃園——風雲人物誌》，桃園市政府客家事務局，2016年6月號。

10.羅思容著，〈重返客家母語的詩歌家園〉，《新活水雜誌》，2018年11月號。

11.財團法人客家公共傳播基金會，《靛花——杜潘芳格特集》，2020年11月號。

衆女成城首部曲
——臺灣省婦女會

文／圖片提供：吳雅琪

戰後的她們，不再是單打獨鬥的個體，而是集結女志，實現理念的婦女團體。

「婦女非弱者，家之寶亦國之珍。事親能作孝女，育兒能作慈親，相夫能作賢婦，報國能作忠臣。致良知、守仁義、自救兼救人、勉我臺灣婦女，奮起勿逡巡。婦女乃強者，性情溫淑意堅貞。讀書足以益智，習藝足以營生。服務足以濟世，排解足以弭爭。拯陷溺救貧苦，社會化家庭。勉我臺灣婦女，團結爭光榮。」（臺灣省婦女會會歌，梁寒操作詞）

（昔）台灣省婦女會

創會舊址：臺北市衡陽路29號2樓

（今）中華民國婦女會總會

地址：臺北市重慶南路二段59號2樓

(1)

(1) 臺灣省婦女會會歌（刊於《臺灣婦女通訊》，臺灣省婦女會成立十週年紀念特刊，一九五六年，頁九）。

楔子

回首臺灣婦女出現在公領域發聲的歷程，亦步亦趨，疾行又折返。她們持續地累積能量，靜待有朝一日，能夠邁開步伐，振臂高呼。戰後初期，臺灣女性空間逐漸由內闈向外延伸，迫不及待地表達與展現她們的聲音和行動。這時，女性不是單打獨鬥的獨立個體，而是集結女志，組成具有目標、有系統的婦女團體，實現既有的嚮往與期許。這股眾女成城創立婦女團體的浪潮，成爲戰後臺灣婦女界的「流行」，更讓幽幽的女力，不再是低拗的女聲。

各地婦女會蓬勃，謝娥推動成立全島性婦女團體

日治時期，臺灣婦女自發性地組成婦女團體，成爲婦女解放運動的嚆始。一九二〇年代，彰化婦女共勵會、諸羅婦女協進會先行成立，暢談各項婦女問題，舉辦婦女解放活動。之後，在臺北、苗栗、臺中、臺南、宜蘭等地，以提升知識和學術和交流爲目的，紛紛成立區域性的婦女組織。可惜的是，一九三〇年代初期，這股新興的女力卻因臺灣總督府加強同化政策，對於婦女團體的壓制與打壓，例如派遣警察監視行動，甚至強制解散聚會和各項活動，遂使其逐漸消聲匿跡。戰後初期，臺灣婦女憑藉先前的籌組經驗，再次在北、中、南等城市地區，籌劃安排婦女活動，更著手重啓婦女團體。這股力量至各地婦女會的設立，揭開另一波婦女團體成立浪潮的序幕。

在百花齊放的婦女團體中，各地的婦女會設立最爲顯著。一九四六年初起的半年內，成立了八個地方性婦女會。包括許世賢、許碧珊等人籌備成立嘉義婦女協會，謝娥、李緞、鄭玉麗等人發起設立臺北市婦女會，侯青蓮、杜水金等籌組的臺南市婦女會，劉玉英發起成立新竹市婦女會，余麗華、葉陶、謝雪紅等人發起設立臺中市婦女會，吳硃砂等人籌備成立臺東縣婦女會，賴雅等人成立的彰化市婦女會。由縣市地方婦女會

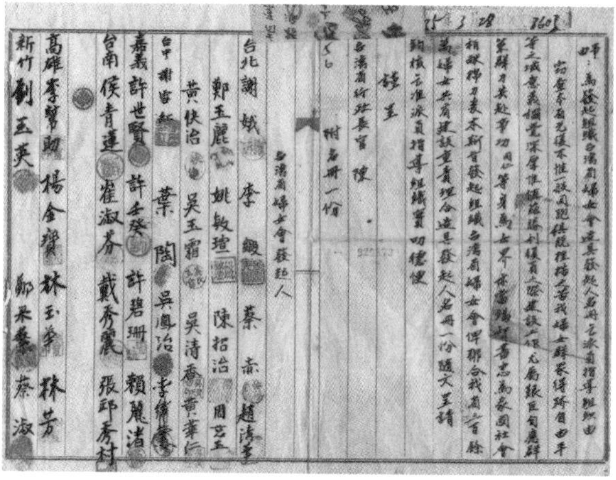

(2)

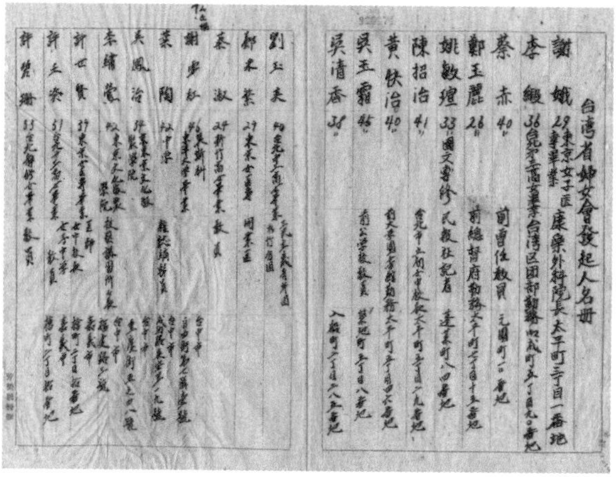

台灣省婦女會發起人名冊

(3)

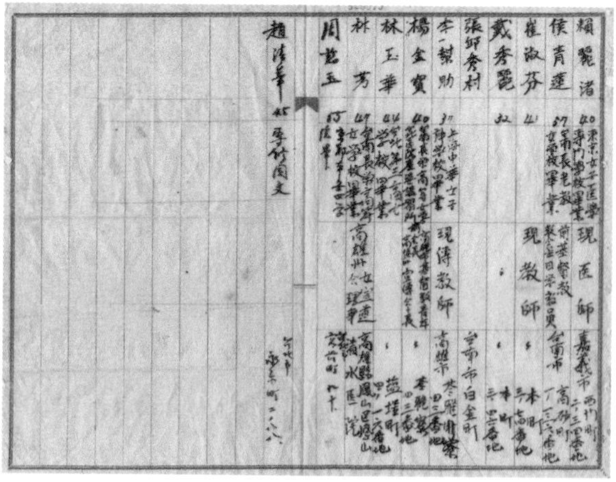

(4)

掀起的婦女團體的浪潮，席捲並擴散至臺灣西部，同時也翻越後山，悄然地出現於東部。

臺北市婦女會爲縣市婦女會中的佼佼者，尤其是首任理事長謝娥，有意串連各地婦女工作，更希冀推展全島性的婦女團體。她以臺北婦女會的理事作爲主力，派遣李緞、鄭玉麗、吳清香等人，前往新竹、臺中、高雄、宜蘭、花蓮、臺東等地，期望聯絡各地婦女的情誼，以及交換推行婦女團體和婦女運動的意見。在謝娥的號召下，激起臺北市婦女會成員的投入之外，又因是第三高女(今中山女子高級中學)和東京女子醫專的畢業校友，深受兩校女學生的青睞與支持，再加上她本身豐富的人脈關係，以及獲得臺灣省黨部的信任，諸多因素連動與發酵下，累積有利創會的動力。一九四六年三月底，以謝娥爲首，集結各地婦女代表等三十一人響應並聯名，向臺灣省行政長官公署發起組織臺灣省婦女會。

臺籍婦女菁英集結，臺灣省婦女會誕生

有志一同的省婦女會發起人，均爲臺籍婦女。她們具有中學以上的學歷，以畢業於臺北第三高女者最多。第三高女是日治至戰後初期著名的女子中等教育設施，更是培育臺灣婦女運動女性的搖籃。省婦女會的發起女性，具有相同理念外，更具有相似的教育背景與身分。在經歷上，

(2) 臺灣省婦女會發起名錄一（資料來源：《臺灣省行政長官公署檔案》，國史館臺灣文獻館藏）。
(3) 臺灣省婦女會發起名錄二，資料來源同(2)。
(4) 臺灣省婦女會發起名錄三，資料來源同(2)。

以教師、醫師、傳道師爲職業，乃爲新女性形象的職業婦女，她們以自立的女性主體性出現，而非「妻以夫貴」的官夫人身分。省婦女會的組成可謂各縣市婦女菁英的組合。這群女性菁英集聚一堂，激盪思考，勾勒組織未來的願景，訂立「喚起婦女之國民責任心，提高其道德與智能增進自身及家庭社會之福利」爲宗旨。同時，標舉改善婦女生活與習慣、發展女子教育與女子職業、婦女運動的各種調查與宣傳、改善家庭組織、保障婦女人權、婦女救濟、社會公益等任務。

一九四六年五月十六日，臺籍婦女菁英在臺北市中山堂(當時是臺灣省黨部)，舉辦成立大會，臺灣省婦女會於焉誕生。旋即選任理監事，推舉謝娥爲首屆理事長。省婦女會以嶄新婦女組織之姿出現，標誌臺灣婦女團體邁入全新階段。該會突破以往地域性的組織框架，以全臺作爲考量，連結並整合各地方的婦女，實踐全島性的婦女運動。省婦女會展現宏大的企圖，在各大報紙刊載「誰說三百萬婦女呼喊的聲音，沒有男人宏亮？」的社論。這篇社論正呼應她們創會的精神與目的，希冀引領更團結臺灣各地的婦女群眾，藉由集體眾女之力，齊心發出內心尋求解放、要求平等的女權之聲。

鼓勵婦女獨立自由發聲，發行《臺灣婦女月刊》

臺灣省婦女會爲開創女性發聲的管道，希冀開辦獨立的女性刊物。日治時期和戰後初期，婦女少有發言的空間，報刊雜誌雖刊載不少婦女議題的報導與社論，或美其名稱爲婦女刊物、女性雜誌，實際上編者和讀者幾乎爲男性，女性難以有揮灑創作或發聲的獨立園地。有鑑於此，省婦女會企盼成立一個專屬於女性的刊物，藉此討論婦女問題，提倡婦女運動，以及改善婦女生活。

一九四六年九月，省婦女會創立三個月後，正式發行《臺灣婦女月刊》。這本月刊是戰後轟動一時的女性刊物，不但發行時間相當長，且先

(5)

(5) 臺灣省婦女會成立大會紀念照（圖片翻拍自：《北郭園的孔雀——劉玉英的故事》，頁四十二）。

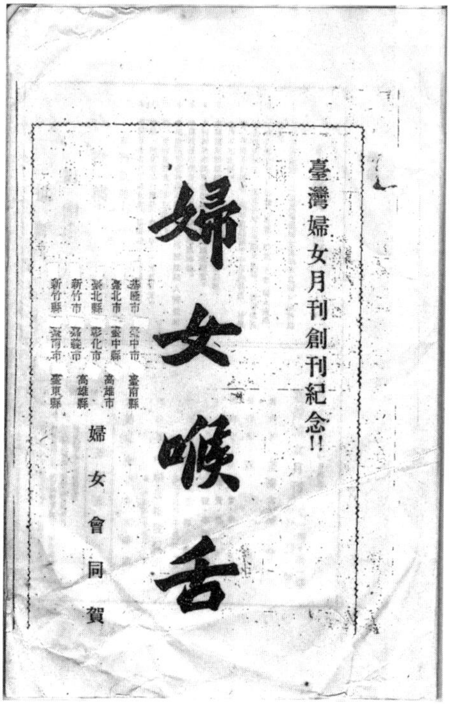
臺灣婦女月刊創刊紀念!!
婦女喉舌
婦女會同賀

(7)

台灣婦女月刊
蔣宋美齡
創刊號
第一卷
第一期
臺灣省婦女會
婦女月刊社
中華民國三十五年九月一日出版

(6)

後歷經多次改版。《臺灣婦女月刊》原是省婦女會內部流通與外界宣傳的刊物，後爲傳播婦女思想與反映婦女現狀的女性雜誌，流通至各地方婦女會，再散佈至鄉村鄰里各處。

這本女性刊物不如現代女性雜誌，沒有精美時尚的包裝或彩色印刷的圖片。形式外觀純樸可愛，內容則饒具趣味。《臺灣婦女月刊》打造與開闢的女性發聲空間，並非流於外部形式，而是創造一個公開的園地，讓各界婦女能夠盡情、自由地發聲。不僅有具相當教育程度的女性，書寫各類文章和文藝創作，或外文著作的翻譯投稿，各校女學生踴躍發表心聲和學習心得，家庭主婦也樂於投稿分享家庭生活點滴、家政常識。這個以女性刊物搭建起的交流平臺，透過婦女之間的往來與切磋，習得不同的人生經驗、拓展生活交友圈，進而交織出姊妹情誼的天地。

《臺灣婦女月刊》不論編輯群、讀者群均爲女性，真正體現女性經營與編輯方針，以及朝向「讀者卽作者，作者卽讀者」的目標前進。在創刊詞中，該刊期望藉由刊物將「婦運的經驗，昇華到理論的高度，更希望將理論在實踐中，在廣大婦女的力行中，得到印證、修正和充實」。這份刊物最初的期許，爲擔負起婦運成功的特殊使命，透過實踐提升婦運的深度。不過，當時在戒嚴體制下，各種言論嚴加控管，連帶限縮了《臺灣婦女月刊》的言論空間，故實難在既定的理想與期許下高談婦運理念。因應時局，該刊轉以依據婦女生活現狀，針對就業、教育、婚姻家庭、婦女地位等，提出各種婦女問題，尋求各界的解決方策。以教育爲例，該刊常針對婦女教育進行

(6) 臺灣婦女月刊創刊號封面（一九四六年九月）。
(7) 臺灣婦女月刊創刊號封底裡（一九四六年九月）。

(9)

(8)

檢討，呼籲臺灣教育機構予以女性平等的教育機會，建議女性不專以賢妻良母爲教育方針，應重視自身的才能而適性發展；同時，鼓勵臺灣婦女培養讀書的習慣，透過閱讀與進修發掘興趣，奠定自信與自立的基礎。

「讀者即作者，作者即讀者」，規劃各類欄位，打造婦女交流空間

《臺灣婦女月刊》的最大的特色之一，打造婦女交流的空間，規劃各種欄位，如：婦女信箱，公開蒐集讀者提問，由專家學者回應與提供意見；家政常識一欄，刊載家政常識，提供婦女家庭管理的心得分享；醫藥衛生欄，針對日常醫藥與護理常識、緊急處理方法，以應婦女日常即時之需；飲食經一欄，特將烹調和營養常識專門討論，提供婦女烹煮菜單、步驟及妙方。此外，設立座談會專欄，討論婦女問題、親子關係、社會風氣等問題；又特別設立女青年園地，鼓勵各校女學生、社會女青年投稿。各式且多元的欄位，期望滿足各階層婦女大眾的需求，達成該刊設立目的之一，實踐爲專屬於臺灣婦女抒發意見的空間，生活心得交流、文藝共賞的園地。

《臺灣婦女月刊》發行四十五年，由於省婦女會調整團體性質及方針的情況下，一九九一年五月，月刊遽然吹熄燈號。伴隨著臺灣婦女的生命歷程，不少讀者從青少女時期起閱讀，至出社會成爲女青年，結婚成爲職業婦女和家庭主婦。《臺灣婦女月刊》一方面伴隨著她們成長，有著

(8) 一九五二年《臺灣婦女月刊》光復七年紀念特刊封面。

(9) 一九五五年《臺灣婦女月刊》改版為《臺灣婦女通訊》，此為一九五六年省婦女會成立十週年紀念特刊封面。

青春的共同記憶，在獨特的女性空間與他人相遇與交流。另一方面，臺灣女性更目睹了這份月刊的轉變，橫跨戰後臺灣的言論自由和監控時期，以及解嚴後新興婦女運動的婦運言論激盪，爲這個曾經全臺第一的婦女團體機關刊物，留下歷史的見證。

參與公共事務，投入選舉，英「雌」身先「芳」卒

誰說女性缺乏理性，不能參與公共事務？誰說女性缺乏政治敏感度，只能關心家庭事務？誰說女性不具爆發力，只能溫柔婉約？省婦女會的女性，她們接受教育、走出家庭、外出就業、經濟獨立，突破社會對於女性角色與活動限於家庭私領域範疇的印象，積極參與公共事務，問鼎政壇，表現得相當亮眼。她們是勇敢發聲，實現女性參政的錚錚先鋒。

戰後臺灣，相較於日治時期，政治環境較爲自由與開放，人民在中華民國憲法的保障下，享有無分男女性別的參政權。臺灣女性不同於二十世紀初，外國婦女承先啓後展開的爭取女性普選權的運動，因過去甚少有女性參與公眾事務的機會，遑論踏足政治領域，政治領域對於臺灣婦女而言，相當陌生。有鑑於此，省婦女會著力於推動婦女政治參與，不少會內女性，更身先示範，投入民意代表的競選，以及擔任公職人員，藉期鼓勵與提升婦女大眾的政治參與度。

謝娥風格獨特，選票遙遙領先

身爲理事長的謝娥，以及會內理事林愼，一同角逐首屆（一九四八年）立法委員席次。謝娥的從政之路，乃是跨足男性爲主的政治領域，她彰顯女性身分，在政界實踐性別平等。跨界的謝娥常發揮與眾不同的魅力，不同於當時女性以旗袍爲衣著裝扮，她經常穿著帥氣褲裝，留著俐落短髮，出現於公眾場合，展現另一種新女性形象。立委參選期間，具有獨特風格的謝娥，性別

(10)

(11)

(12)

(13)

(14)

(15)

省婦女會參政女性：

(10) 李緞。

(11) 林慎。

(12) 謝娥。

(13) 許世賢。

(14) 林蔡素女。

(15) 鄭玉麗。

身分和外表出衆引起各界的注目，又因其受過高等教育和女醫生的學經歷背景，以及爲女性爭取權益和改革社會的政治理念，深受婦女與大衆的青睞與支持。省婦女會和各地婦女會擁護謝娥，因爲其兼具理想和行動力，能代替她們在國會實踐婦女參政的理想。臺灣群衆關注她，有賴第三高女學生組成的助選員，競選宣傳時，高聲且自信地，傳達謝娥爲民衆爭取權利和社會改革的政治理念。因此激發民衆的好奇，進而獲得熱烈的迴響。這場立委選戰，最終在選舉得票數上，謝娥不僅遙遙領先男性候選人，獲得將近十四萬票，更成爲當屆臺灣第三高票的當選人。這在當時的臺灣婦女界，無人能出其右，謝娥無疑是最璀璨的女性政治明星。

林慎不落人後，促使改正不利女性當選的選舉制度

不落人後的林慎，也勇於投身激烈的立委選戰。這場選戰不僅是關乎女性參選是否成功的里程碑，更是揭起選舉制度是否不利女性爭論的一場戰爭。中華民國選舉制度中訂立「婦女保障名額」的制度，即規定各種選舉應予以婦女當選名額一名。不過，此一有利婦女參政的制度，起初執行時卻弔詭地限制有實力的女性當選。實因首屆立法委員選舉應選八名，依照立委選罷法的規定，婦女當選名額一名，爲落實婦女保障名額制度，因此各個女性立委參選人的得票數，單獨計算。然而，開票結果公布，票數僅次於謝娥，女性第二高票的林慎，卻被宣告落選，引起輿論界的譁然，因爲就得票數而言，林慎的票數高於當選第八名的男性候選人，理應當選。落選竟因婦女保障名額制度的選票計算方式。因此，除了林慎本人提出抗議之外，省婦女會更極力聲援且展開各項行動，呼籲各界關注女性參選制度和選票計算的公平問題。最後，在婦女界和輿論的壓力下，中央糾舉選罷法的缺失，改正選票規則以不分性別合併計算，裁定林慎當選。林慎與省婦女會爲女性參政，打了一場漂亮的勝仗。

全臺各地巾幗，躋身議會殿堂，為婦女喉舌

不少省婦女會或縣市婦女會的領導女性，成爲省議會殿堂爲婦女喉舌的省議員。嘉義婦女會許世賢和雲林婦女會林蔡素女，便是女性省議員的典範。許世賢在衆多男性省議員中，無疑是「萬綠叢中一點紅」。在省議會質詢場域上，正直敢言的她，以犀利、強烈批判的風格問政，總是表現出「巾幗不讓鬚眉」的氣度。她曾提出原住民政策應設立女議員保障名額、執行十二年義務教育政策、恢復招收女警等議案，圍繞著婦女參政、婦女教育和職業等議題，督促省議會修訂臺灣的婦女政策。林蔡素女本是中學教師出身，受到謝娥的號召，致力於婦女工作，最後效仿謝娥，爲謀求婦女福利而走向政壇。與男性省議員多半關注地方建設議題不同，林蔡素女擔任省議員超過十五年，問政的焦點集中在婦女福利問題。透過她的發言和問政，促使省議會、省政府重視婦女議題，不少年度因此增加預算，將款項依循建議用途，一方面用於補助各縣市建立婦女福利中心，發展女性社會福利事業，另一方面協助貧苦家庭，嘉惠弱勢族群。兩位女性擔任省議員期間，藉由問政與質詢，修訂婦女相關的制度與政策，改善婦女生活，提升婦女的社會地位。

戰後女性參政上，因婦女保障名額制度，確保女性當選的名額。這個特殊的制度中不僅個別女性得以受惠，另也提供婦女團體的成員，進入政壇的保障與機會。尤其在中央民意代表的選舉上，省婦女會得利於婦女團體代表制度，讓有志投身政壇的女性，有望貢獻婦女之力和施展抱負。臺北婦女會的鄭玉麗，是最資深的女性中央民意代表。求學時期，她體悟男女不平等的差異，成爲日後參與省婦女會和從事婦女工作的動機。身高超過一百七十公分的她，往往現身便登高一呼，將滿腔奉獻社會的心，傳達並感染婦女大衆。擔任國民大會代表期間，她更展現十足的行動力。會場中不時可見穿著旗袍裙裝的她，來回周旋於男性國大代表間，懇切地表達自己的意

見，同時與其協調與溝通。爲了回報因婦女團體而獲得的女性國大代表資格，在國大的提案，她從不缺席，特別著重婦女參政與起用婦女人才、婦女與兒童安全與福利的法律保障、掃除娼妓等婦女問題，可稱作是爭取婦女權益的第一線女戰將。

政治是公衆的事務，在兩性共治的社會裡，自然缺少不了女性的聲音與女性的參與。只是當婦女權益有待開展之際，只有藉由參政一途，才能眞正改善女性權益。如此亟欲提倡女權之策，成爲多數省婦女會參政女性，投入政壇的初衷。她們身先「芳」卒，以實際行動實現理想，爲臺灣婦女於各個政壇戰場，盡力地埋下爭取女權的種子。同時，她們因參與省婦女會，揭開不同的視野與旅途，豐富自我的女性生命。

提倡婦女權益，
為「解放」束縛，從事廢娼運動

三八婦女節，又稱國際婦女節（International Women's Day），慶祝女性在社會、經濟、文化和政治等各領域的成就，也具有促進性別平等之意涵。一九四六年三月八日，乃爲臺灣史上首次舉辦婦女節，臺北市婦女會發表《告臺灣女同胞書》，洋洋灑灑的提出，婦女處於不自由、不平等的境遇，並呼籲切實保障婦女人權、充分發展女子教育，以及通力解決婦女問題的職責。宣告的主張之一，以肅娼來保障婦女人權，日後成爲省婦女會廢娼行動的先聲。

省婦女會認爲，臺灣公娼議題不僅爲切實的社會和生活問題，更涉及婦女人權和人道精神。該會廢娼運動立場的核心，在於「解放」，意即解開因娼妓身分導致婦女人身自由和經濟壓迫的束縛。以廢娼運動爲名，實際上是爭取女性權益的運動。在省婦女會強力主張且亟欲大刀闊斧下，希冀藉助政府力量，以公權力的法令效力，廢止公娼、舞女、女招待、侍應生等行業，脫離侵害女性權益的職業。一九四六年六月，行政長官公署頒佈「侍應生管理辦法」，對全省各縣市

中華民國三十五年三月八日 （二）

婦女節特刊

告臺灣婦女同胞書

台灣省台北市婦女會

當前的婦女問題

姚敏瑄

(16)

市烹飪公會聯同女招待開

女招待問題座談會

周議長致詞謂要從大局看

女招待感泣

烹飪業者談話

(17)

(16) 一九四六年三八婦女節的「告臺灣婦女同胞書」（圖片來源：《民報》，一九四六年三月八日，第二版）。

(17) 省婦女會廢娼運動的報導（圖片來源：《民報》，一九四六年六月二十日，第二版）。

旅館、飲食店侍應生制訂統籌管理辦法，且限期廢除舞廳、公娼。政府更請省婦女會協助，設置婚姻及職業介紹所，救濟失業的舞女或公娼。在省婦女會和政府通盤合作下，全臺各地展開全面肅娼工作。

這場廢娼運動採取全面性取締方式，如火如荼地進行。然而，在「速」清之下，引發不少問題與反彈，同時也造成省婦女會與從業女性的「對峙」。例如部分妓女爲恢復自由，求助婦女會聲援，部分娼妓恐生活無著，企圖輕生。面對從業婦女層出不窮的問題，省婦女會僅盡力前往救助或協助輔導轉行，不過，從業女性期望政府和省婦女會，能提供廢娼後更有效的救濟措施。因此，北部和南部不少娼妓集結，採取遊行與抗爭方式表達訴求，爆發了緊張的衝突事件。臺北約兩百位從業娼妓爲表達不滿，前往理事長謝娥開設的康樂醫院前，抗議生計受到威脅，要求解釋，以及提供新的工作。高雄的衝突事件中，酒館女招待以示威遊行的方式，包圍高雄婦女會理事楊玉華住所，高呼反對廢除管理辦法，並且要求救濟。本具女性權益性質的廢娼運動，在不完善的配套與救濟措施下，省婦女會遭受許多責難與批評，無法獲得各界的聲援與支持。尤其從業女性轉職和生計歷經波折，大多轉將不安情緒與怒氣，全部投向始作俑者的省婦女會。

省婦女會的廢娼運動，實際上是廢止現行制度和輔導救濟，兩者並轡而行。《臺灣婦女月刊》中也特別聲明運動的任務，乃爲「廢除公娼讓她們解放，首先要保障她們的生活，且考慮她們對家庭的負擔，提供她們正當的職業，培養她們的生活技能」。只是在執行輔導救濟時，省婦女會以較爲「溫和」的輔導方式推展進行。例如多次召開座談會，撫慰從業女性情緒，提供可能救濟的經費；查訪從業女性的處所，提供可能轉職的單位；前往警局與遭取締的女性溝通，勸誡改以其他職業，以及協助尋找其他工作等。這些柔性的輔導救濟工作，的確促使部分婦女改業，但亦有部分從業女性，因生計困難，重操舊業。

廢娼運動的輔導工作，缺乏務實和考量生活問題，其成效備受輿論攻訐。

戰後由省婦女會推動的首波廢娼運動，提出核心議題，確實撼動當時社會的價值觀，引發輿論和各界的激烈探討。但連婦女各階層，對於廢娼議題和隨後的輔導救濟工作，態度與看法也未必與省婦女會一致。多方打擊、失利的省婦女會，只好修正激昂的廢娼運動及激進的解放訴求，轉以推動改善社會風氣的工作。「雌」志未酬的廢娼行動，只好有待未來調整步伐，再展開運動。

多元化的婦女工作與活動，以婦女需求優先，提升知識與技能

以女性爲主的婦女團體，究竟舉辦何種活動，這些活動又對於她們有何影響?日治時期，臺灣婦女舉辦演講，藉此喚醒婦女的覺醒與解放。戰後初期，延續此一模式，舉辦各項座談會、講習會活動，目的在於提升婦女在教育、經濟等智識與能力，進而鼓勵其參與社會。

作爲草根性的省婦女會，由臺灣各地女性自發性地集結而成，最終關懷以婦女需求爲優先，推動廣泛且多元的婦女工作。該會以改善婦女生活爲核心，凡涉及婦女生活相關的事項，皆列爲有待推展的活動。因省婦女會發現婦女地位低落，來自於以往教育不足、技能無以爲生，以及社會對於婦女的刻板印象所產生。該會據此，陸續舉辦適合婦女的活動，以利改善其生活，進而有助提升其自信和地位。

在教育方面，開辦各類講習訓練班，增加女性接受教育的機會，同時彌補其知識與技能的不足。首先，成立教導婦女國語識字、說話的國語識字班和國語講習班，增進農村婦女健康與耕種知識的農村家政指導班，傳遞營養與保健知識的巡迴講習班和烹飪班等。其次，爲培養婦女職業技能，舉辦烹飪、縫紉、編織、車繡、手工藝等的家事技能訓練班。這些補習教育的課程增進婦女謀生能力，有助於未來的就業工作，解決生計

(19)

(18)

(21)

(20)

問題。「省婦女會的講習班成爲我們的學校」，是當時參與講習班女學生共同的印象與記憶。實際上，婦女不僅爲學生，接受短期訓練，也可長期接受培訓課程，成爲授課教師與婦女幹部，具有造就婦女人才的目的。

在經濟方面，爲改善婦女踏足職場受到歧視和不公，省婦女會曾多次函請政府重視，更成立婦女職業輔導館和工作介紹計畫。早期針對養女、弱勢婦女設立收容所和女子宿舍的保護和安置措施；之後轉以積極作爲，培訓其職業技能，以利這群婦女回歸日常生活和工作就業。另外，戰後不少從鄉村到城市找工作的少女，因無知而誤入歧途，省婦女會增設婦女職業介紹所，並同時協助就業服務。隨後，爲使婦女從事適合的工作與職業，實施「輔導女傭就業」的計畫，對象不僅限於女傭，同時適用於婦女大衆。立意在於，當時臺灣女性因教育程度尙未提升，未能有好的求職管道，因此推行這項計畫輔導婦女順利就業，從事家庭勞動的女傭、家庭臨時工，進而有助職業婦女減輕家累。爲使計畫順利，每星期省婦女會的輔導組人員，前往全省各地人潮聚集的據點，發送宣傳單，同時提供婦女就業諮詢。省婦女會的就業輔導乃依據不同階層的婦女需求，提供走出家庭、貢獻才能的管道。

---

(18) 臺灣省婦女會開辦講習班與社會救濟－手工藝訓練班（圖片提供：中華民國婦女會總會）。

(19) 臺灣省婦女會開辦講習班與社會救濟－婦女縫紉班，圖片提供同(18)。

(20) 臺灣省婦女會開辦講習班與社會救濟－女子宿舍開幕，圖片提供同(18)。

(21) 臺灣省婦女會開辦講習班與社會救濟－苦難婦女收容所婦女合照，圖片提供同(18)。

(22)

家庭女傭的
姊妹們！
灣省婦女會
來登記很快就給
你解決就業問
題並供給你臨
時住宿
由火車站乘三路或五
共汽車在第七分局站

(23)

此外，爲提高婦女經濟收入，創會初期設立縫紉工廠。當時凡失業或有需要的婦女可來會申請，並由該會提供材料與工資，以及縫製訂單。同時各縣市婦女會也開辦婦女工廠，承製各機關團體及學校的制服，爲失業婦女提供工作機會。一九七〇年代，配合政府政策「客廳即工廠」運動與小康計畫，推動手工藝與家庭副業的計畫。該會爲有效執行計畫，一方面舉辦技藝訓練班，訓練與提升製作手工藝品的能力，另一方面在《臺灣婦女月刊》提倡相關議題，並舉辦多次婦女與職業的座談會，藉此鼓勵婦女從事家庭副業生產，以增加收益，進而改善家庭經濟及生活。另外，省婦女會對手工藝製造，從技能訓練入手，再進一步招攬銷售，成立各地婦女會手工藝品推廣中心與陳列館。不僅提供展示婦女訓練和習得的成果，更代爲銷售成品，避免商人從中剝削，確保手工藝商品價格，讓婦女獲得收益和穩定經濟生活。

為婦女陳情，調解家庭糾紛，擺脫逆來順受的態度與人生

在社會問題上，省婦女會發現當時困擾婦女的問題，泰半起於養女、婚姻、家庭關係等糾紛。不僅牽絆婦女各方面的發展，倘若不即時調解，便轉爲社會事端甚至釀成悲劇。有鑑於此，該會成立調解工作小組，專門協助調解各式各樣的糾紛案件。例如案件最多的家庭糾紛上，省婦女會依據情事分爲夫妻感情不睦、妨害家庭、翁姑虐待、被夫毆打或遺棄等項目。調解時，雙方來到省婦女會所，各方陳述爭執和衝突原因，再

(22) 輔導女傭就業現場照片（圖片來源：中華民國婦女會總會）。

(23) 輔導女傭就業刊登的廣告，圖片提供同(18)。

由輔導組人員溝通與勸說。有鑑於婦女在家庭中常靜默不語，忍氣吞聲，或無法即時表達意見，調解前小組人員會深入瞭解其中原委。在調解現場，一旦女性當事人或因礙於身分或情緒高漲無法言說時，省婦女會常代表陳情與發聲，讓女性擺脫以往逆來順受的態度，轉以主動且積極地解決問題。四十年間調解工作將近萬件，此一婦女服務在戰後資源不發達的時代，成爲劃時代的象徵，乃是臺灣首次以婦女爲對象，展開的家庭諮商，以增進婦女福利。

廣設幼托、幼教設施，減輕農婦、職業婦女負擔

孩童照護一向是婦女的工作，然而，忙於耕種或外出工作的婦女往往面臨蠟燭兩頭燒的困境，無法有多餘精力投注於幼童。女教師背景的省婦女會女性，擔負創辦幼兒教育設施的重責。各地婦女會陸續成立托兒所和幼稚園，早期著重設立農忙托兒所，協助減低農婦於農忙工作與照護孩童雙重壓力。之後，各縣市婦女會成立附屬的幼稚園，設立的構想爲因應婦女外出工作，孩童們的教育、看護安全缺乏專人照顧，爲讓職業婦女無後顧之憂。以新竹爲例，新竹婦女會附屬的新生幼稚園，是戰後最先成立的幼教機構。該園提供兩歲以上的孩童入學，家境貧苦的家庭則免費進入，不僅用心注意孩童的日常生活，也教導幼童禮節和唱遊等。省婦女會的幼教設施，不僅解決婦女的負擔，讓她們全心全力工作，同時讓幼童獲得妥善的照顧，快樂健康地成長。隨著兒童教育日益受到關注，省婦女會也提升幼兒教育品質，關注親職教育和親子關係的互動課程。

省婦女會推展的工作，以滿足當時臺灣婦女需要，規劃相對應的活動，活動包羅萬象，具有多元性的色彩。今日回顧該會的各項婦女工作，彼此連結且具相關性，可見爲統整性的設定。這些活動開展的時代意涵，除了呈現戰後臺灣婦女團體的運作，逐漸步步創建且日漸

完善之外，更展現了強大、幹勁十足的女力，及女性的能動性。

尾聲與迴盪

超過七十年的臺灣省婦女會，是臺灣歷史最悠久的婦女團體組織。其間走過戰後的衰敗，逐漸嶄露婦女希望的曙光，承載著臺灣婦女的熱情與活力。以同道姊妹彼此支持，建立群體且是具有認同感的婦女團體組織。這股女性力量組織化的風行，激盪出不同的女聲，流動於臺灣的各地，同時也感染衆多女性，加入行列與之合奏與共鳴。藉由婦女團體的趨動力，讓女性走出家庭，參與社會服務，讓她們在自我的舞臺上，揮灑獨創的色彩。從女性觀點閱覽歷史，曾幾何時，靜默無語的女聲，逐漸擲地有聲。卽使邁入二十一世紀的省婦女會，已成爲歷史名詞，轉變成現日的中華民國婦女會，不過，以往那曾爲臺灣婦女開創的女性天地和那股跫音，仍迴盪在現在與未來，繼續爭取婦女權益而奮鬥。

參考資料：

1.吳雅琪，〈臺灣婦女團體的長青樹——臺灣省婦女會(1946—2001)〉，臺北：國立臺灣師範大學歷史研究所碩士論文，2008。

2.吳雅琪，〈戰後臺灣婦女雜誌的長青樹—《臺灣婦女》月刊〉，《近代中國婦女史研究》，第16期，臺北：中央研究院近代史研究所，2008年12月，頁273-288。

3.李遠輝、李菁萍編著，《北郭園孔雀——劉玉英的故事》，新竹：新竹市立文化中心，1999。

4.林秋敏，〈謝娥與臺灣省婦女會的成立及初期工作(1946-1949)〉，《臺灣文獻》，第63卷第1期，2012年3月，頁 285-333。

5.林秋敏，〈臺灣省新運婦女工作委員會與戰後初期臺灣婦女工作〉，《國史館學術集刊》，第3期，2003年9月，頁283-302。

6.莊雅茹，《戰後臺灣女性參政之先驅：許世賢(1908—1983)的政治生涯》，臺北：國立臺灣師範大學歷史系碩士論文，2003。

7.第三高女校友聯誼會編印，《回顧九十年》，臺北：中山女高校友聯誼會，1988。

8.游千慧，〈一九五〇年代臺灣的「保護養女運動」：養女、婦女工作與國／家〉，新竹：國立清華大學歷史研究所碩士論文，2000。

9.游鑑明，〈日據時期公學校女教師的搖籃：臺北第三高等女學校〉，收入中央研究院社會科學研究所編，《臺灣光復初期歷史》，臺北：中央研究院社會科學研究所，1994，頁365-435。

10.游鑑明訪問、吳美慧等紀錄，《走過兩個時代的臺灣職業婦女訪問記錄》，臺北：中央研究院近代史研究所，1994。

11.游鑑明，〈臺灣地區的婦運〉，收入陳三井主編，《近代中國婦女運動史》，臺北：近代中國出版社，2000，頁403-554。

12.國立臺灣歷史博物館，《臺灣女人記事(歷史篇)》，臺南：國立臺灣歷史博物館，2015。

13.臺灣省婦女會主編，《耕耘五十載，摯愛永關懷——臺灣省婦女會五十週年特刊》，臺北：臺灣省婦女會，1996。

14.臺灣省婦女會／中華民國婦女會總會主編，《深耕一甲子 跨越新世紀》，臺北：中華民國婦女會總會，2006。

15.遲景德、林秋敏訪問，林秋敏記錄，《鄭玉麗女士訪談錄》，臺北：國史館，2000。

16.Chang, Doris T. Women's Movements in Twentieth-Century Taiwan, University of Illinois Press, 2009.

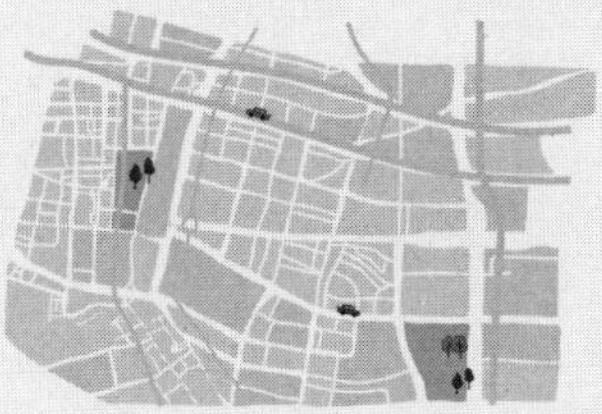

臺灣省婦女會，今中華民國婦女會總會：

臺北中正區重慶南路二段59號2樓。

交通資訊：

自捷運中正紀念堂站下車後，沿羅斯福路一段步行，右轉南昌路一段59巷，再左轉至南昌路一段54巷，沿牯嶺街12巷步行，再右轉重慶南路二段即可抵達，全程步行約6分鐘。

歷屆的會址：

創會時期，1949年5月，會址：衡陽路29號2樓。

穩定時期，1950年代中期，會址：牯嶺街10巷2號

茁壯時期，1960年代中期至今，會址：重慶南路二段59號2樓。

永遠的勇者
——革命鬥士黃晴美

文／圖片提供：吳清桂

四二四刺蔣案，曾挑起海外臺獨運動的高潮，但也讓她的兄長和夫婿陷入牢獄。黃晴美，一個嬌小的女子勇敢救夫，但她又是如何從選擇一個臺獨青年，作伙行臺獨路，而又自主選擇離婚，且成為臺語文書寫的實踐者呢？

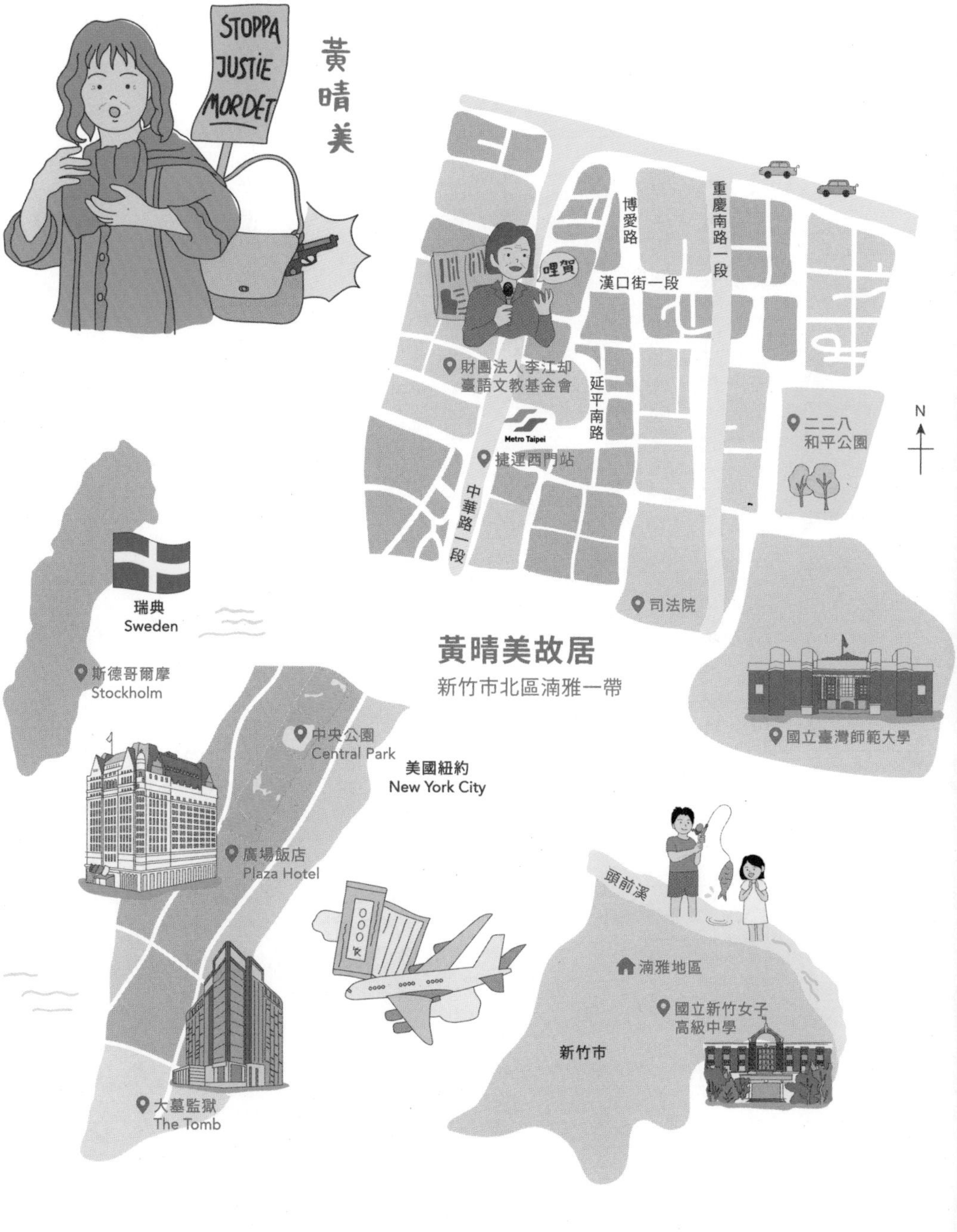
STOPPA JUSTIE MORDET
黃晴美
哩賀
博愛路
重慶南路一段
漢口街一段
財團法人李江却臺語文教基金會
延平南路
Metro Taipei
捷運西門站
中華路一段
二二八和平公園
N
司法院
瑞典
Sweden
斯德哥爾摩
Stockholm
黃晴美故居
新竹市北區湳雅一帶
國立臺灣師範大學
中央公園
Central Park
美國紐約
New York City
廣場飯店
Plaza Hotel
頭前溪
湳雅地區
國立新竹女子高級中學
新竹市
大墓監獄
The Tomb

一九七〇年四月二十四日紐約Plaza Hotel旋轉門的「那一槍」，驚動世界，撼動臺灣國民黨白色恐怖政權，潛移默化「臺灣人」集體意識。

在Plaza Hotel南邊轉角，她與兄長(槍手)生死臨別擁抱間，神情鎮定自然，不聲不響，皮包內的槍，悄悄成功移轉。沒有悲傷，只有勇氣，一句"I love you"，眼角同時泛出一滴不捨和榮光的閃亮淚珠。

四二四那把沉甸甸的「革命之槍」曾經在她嬌小的身軀瀏覽過，空前絕後的「那一槍」，出師未捷，讓獨裁者僥倖逃過，但，就是「那一槍」，改變了臺灣人的命運，也改變她的一生。

一九六〇的臺灣正是白色恐怖、風聲鶴唳的年代，在這樣苦悶氛圍下的臺灣社會，充滿了不確定性，尤其是知識份子，大家都在尋找苦悶情緒的可能出口。美蘇冷戰後，美國開始擴充大學研究所，除了自然科學外，還開放了社會科學，也提供了大量的獎學金給外國學生。對臺灣人來說，美國是一個遙遠的自由美麗夢土，臺灣有能力的知識份子於是找到了逃離獨裁統治社會的出口，紛紛努力尋找去美國留學的機會，去追求自由民主、夢想與幸福。當年只要成績夠好，要申請美國大學的入學並不太困難。不過，大部份的留學生都希望同時有獎學金，一來無生活經濟壓力，可以專心學業，二來省吃儉用，還可以寄回給家人補貼生活所需，或償還所借貸的機票錢。這也形成了一股臺灣早期知識份子的移民潮。

戰前出生的一代臺灣人，在蔣家獨裁統治之下長大，歷經二二八事件和白色恐怖的衝擊，在黨國思想教育下無法有深思能力。在這樣的環境下，出國後，從專政鎖國的「中華民國」出走的年輕學子，來到正是美國最著名的一九六〇思想大轉變的年代，到處都是各種不同的社會運動，包括民族、民權運動，反越戰、反核，婦女解放運動等等。這些出國的留學生受到民主的洗禮，開始有了反思能力，也有了質的轉變。這股強大的效應，確實改變了不少人對生命或對政治的看法。在海外的臺灣留學生開始慢慢集結而成一股反國民黨動力，尤其是在美國，鄭自才、黃文雄、黃晴美等人是典型代表人物。

個子嬌小，自小具堅持的爆發力

黃晴美(Cecilia Huang)，一九三九年生於新竹湳仔(今湳雅)，新竹女中畢業後，考上師範大學英語系，專攻英國文學。畢業後短期回新竹母校擔任英語教師；一九六三年獲得匹茲堡大學獎學金，赴美深造社會學。

她自述有一個快樂、自由自在的孩童時代。在自來水廠工作的公務員父親，雖收入不佳，但卻爲他的後代子孫樹立了「爲公不私」的精神。公務員的收入不好，母親只能想辦法節流和生財，除幫人裁縫外，還在宿舍圍牆內整地種菜，辛苦的把三男二女拉拔長大，個個表現優秀。母親在這樣困難的環境下經營家庭，得到了鄰里的讚美，更獲得了「模範母親」的榮耀。但父親在自來水廠當廠長時因表現優異，被人嫉妒、誣陷，以貪汙罪被起訴，雖後來被判無罪，但這影響到他們整個家庭日後思想的轉變，父親也因而辭去工作。

兄長黃文雄大她兩歲，對她疼愛有加，影響她最深。他不但教她如何享受大自然環境和用不需花錢的方式卽時行樂，時常帶著他們兄妹去住家附近的頭前溪釣魚、捉蝦、甚至還會在溪邊烤捉到的小鳥……。除此外，也常教她觀察分析事情，她說，「如果沒有這個『阿兄』，就無法成就今日的我。」

而黃文雄提到他的妹妹黃晴美，則說：「晴美這個身高一五四公分、大半生看起來像初中生的嬌小女生，要是有哪一點眞惹了她，這個乖女兒和好學生是有這種堅持己見的爆發力。非常典型的例子發生於國小畢業，公務員的父親多年來籌借給三男二女的學費太辛苦，於是要晴美新竹女中初中畢業後就讀師範學校。晴美聽後，氣得哭了，因爲她成績一直都是前幾名，覺得父親絕

(1)

(2)

(3)

對是『重男輕女』的嚴重歧視。因此，在初中畢業後，叛逆的她，私下偷偷報考，突然以前幾名考上北二女(今中山女高)，消息傳出後，桃園國小內外都以她爲傲。原來她靠一位同學的大姊幫忙報名，偷偷去考並考上了。父親最後只能把話收回，沒有再提。但乖巧的她，還是選擇回新竹女中完成高中教育。」

他又說：

晴美性格的另一點，她低調、話不多，但善於聆聽，只要鎖定目標，便不惜全力以赴，而且是「細心」以赴。例如：她的勇敢表現在高二或高三那年，有位他們喜愛的陳老師，因別的政治案件被情治單位三度「約談」，被關時間一次比一次長，親友沒人敢探望師母。第四次再度被約談入監時，他們倆決定扮成初中生偷偷溜去探望師母，成功完成危險的探望計謀。就如後來他們在刺蔣案中所扮演的合作角色一樣，默契十足。

新竹女中六年期間，她以優異成績高中畢業。高中最後學期準備聯考前，在沒有外在因素的騷動下，因怕父母「重男輕女」觀念深固，可能又要她放棄學業。於是她自行貫穿情節，妄想她不是父母的「親生女」；自已還望著鏡子，眉間浮出幾道猜疑的皺褶，她羨慕的想著，有人疼的孩子，與自已多麼不一樣！於是自己「內心認定」、存疑著以家裡的經濟狀況，一定無法上她一心想要的臺大外文系，甚至得去工作賺錢。於是她愈想心裡愈不平衡，突然感覺和世界存在著

---

(1) 孩童時期的全家福（右三為黃晴美，左一為黃文雄）。
(2) 少女時期的晴美。
(3) 母親、妹妹勝美（右）與晴美（左）。

某種距離，孤獨的就像窩在角落裡的老鼠，試想著有誰會垂下一條救命的繩索來拯救她的「存疑」?她爲這樣的處境發愁著，就想乾脆一不做二不休，離家出走算了。最後，她找到大哥救贖，經過已在政大的兄長耐心分析，才幡然醒悟，接受哥哥的建議，去「公費」的師大「英語系」。自此，她一生和語言教育結了不解之緣。

一九六三年，晴美先申請到匹茲堡大學的獎學金赴美就讀社會學。除了學業的追求外，她細膩觀察美國正逢六〇年代各種社會運動的發展，如民權運動，反越戰、反核，婦女解放運動等。特別是，她已經注意到美國婦女運動先驅Betty Friedan著名的Feminine Mystique(女性的迷思)對女性性別意識的影響，也開啓她對性別意識的反思和影響。隔年，她也鼓勵兄長成功申請到匹茲堡大學，他們兄妹兩人成了前後期的校友。同年她認識了在同一條大馬路的卡內基理工大學就讀都市設計的鄭自才，二人相識後，展開一段人生最美麗的戀情，因而走上了婚姻之路。在哥哥黃文雄轉往康乃爾大學之前，他們在匹茲堡結婚，黃文雄是他們唯一的見證親人。

一九六五年女兒日青出生，一九六八年兒子也相繼出生。自才在紐約著名的建築師事物所Marcel Breuer工作，一九六八年舉家搬到紐約。

平靜優雅走上勇敢的不歸路

一九六〇、七〇年代，美國正值反越戰和黑人民運風起雲湧之際，而在亞洲的臺灣，蔣介石正以獨裁高壓統治著臺灣。時任「中華民國」行政院副院長蔣經國按其父親的安排，即將接班，蔣家在臺灣的獨裁統治將永無天日。一九七〇年四月十八日蔣經國應美國國務院之邀，將赴美做爲期十天的訪問，以爭取美國政府對「中華民國」政府的援助。

蔣經國在美訪問期間，所到之處都受到美國各地臺灣人和臺灣獨立建國聯盟的示威遊行抗議。這種種的抗議行動，就以臺獨聯盟成員黃文雄和鄭自才兩人的計劃最爲震撼和徹底，他們決

(4)

(4)晚年的黃晴美。

定默默以個人力量及行動來完成抗爭；所要傳達的訊息除了以刺殺獨裁者蔣經國來向美國及國際社會表達臺灣人的心聲外，也試圖中斷蔣家對臺灣的「穩定統治」，讓臺灣有新的爆發力來扭轉獨裁政權的統治。

計劃如預期，四月二十三日晚上，四人在討論到由誰來開槍時，空氣瞬間凝固，因爲大家都知道這一槍所帶來的後果和嚴重性，不是被捕就是被殺。最後由鄭自才打破沉默，他是這次行動的策劃者和發起者，應該由他來執行。鄭自才話一出，幾近沉靜的凝固空氣又被黃文雄打破，他帶著不捨，否定了鄭自才的提議，他的理由是鄭自才有妻兒，況且鄭的太太又是他自已的親妹妹，而他沒有家累，他早就計劃好應該由他來執行。最後，在決定了執行任務後，各自帶著沉甸甸的心情回家，等待著這不可預知的未來。

這機會的到來，黃晴美已經準備好了，內心沒有驚濤駭浪的煎熬和掙扎，她仍然保持著她一貫平靜優雅的姿態，因爲這是她所認同而該走的一條不歸之路。

她說：「那個時候，我要做這個決定，有兩個重要的因素，其一就是我信任阮阿兄和自才的判斷，同時我也認爲，不管以後的發展是什麼，我都有辦法獨力生活和照顧兩個孩子。」沒有華麗的誓言，自信滿盈、樸實又開闊的自然走入了她自己所設定安排的生命軌道，而這只是她生命轉折中即將開始的一個坡段。

四月二十四日近中午前，大批的臺灣人在紐約公園附近靠近Plaza Hotel舉行示威遊行，鄭自才混在人群中發放抗議的傳單。黃文雄兄妹則裝扮成情侶緩緩向行刺目的地移動。那把沉甸甸的手槍就躺在黃晴美的手提包內，被小心翼翼保護著。在Plaza Hotel南端的巷子和旅社亭仔腳南端交角處，黃晴美在給兄長生離死別這瞬間的那個擁抱，包包內的那把槍，不聲不響，悄悄成功移轉。

一句"I love you."隨口而出，晴美動作鎮靜且自然，但眼角同時泛出一滴不捨和榮光的閃

(5)

(5) 黃晴美、鄭自才與女兒鄭日青，一九六七攝於哥倫比亞大學。

亮淚珠，完美任務完成。

另外在飯店的旋轉門口，當蔣經國從座車出來時，身邊圍繞著大批的維安人員及示威群衆，黃文雄也趁亂混入人群中，爲了不傷及他人，他選擇近距離開槍。就在此時，當蔣經國抵達旋轉大門，他突然舉起那把帶著「使命嬌小的手槍」時，隨卽被機警的警員迅速由下往上托高，子彈於是偏高約二十公分由蔣經國頭上飛過，射向飯店的旋轉門，頓時，一陣大亂。

黃文雄當場被警衛人員壓倒在地，企圖掙脫並大喊：”Let me stand up like a Taiwanese!(讓我像臺灣人一樣地站起來!)”

說時遲那時快，在旁掩護的鄭自才情不自禁往前衝，企圖挽救黃文雄，卻被警察當場棒打，血流如柱，而被送醫急救。兩人在送進警車時還高喊「臺灣獨立萬歲」。

黃晴美見到這一幕，霎那間，也一度想衝向前營救，但瞬間腦海中的理性告訴她，家中還有二個小孩等著媽媽。待她一陣冷靜後，馬上又想到家中還有一支無牌手槍，於是馬上衝回家，速把槍帶到河中丟棄。這一切動作都在她瞬間沉靜的行動中完成。

黃文雄被控殺人未遂、攜帶危險武器、妨害公務等。鄭自才則被控幫助殺人未遂與妨害公務。

四二四刺蔣的槍聲隨卽引起世界各地對臺灣政治的關注，各國均以頭條新聞處理，同時也掀起海外臺獨運動的高潮。爲了救援黃、鄭二人，各地發起募款活動，目標爲高額的二十萬美金的保釋金。這樣的高額保釋金，對當時的窮留學生來說，簡直是個天文數目，確實不是容易。但出乎意料之外的是，幾個星期後，就已經籌足了，有人甚至拿出房子抵押，募款活動遠遠超出預定目標。之後又成立了黃鄭「臺灣人權訴訟基金」。留學生們發起並完成這次高額保費的籌措，對當時的國民黨而言，無疑受到相當大的衝擊。這驚天動地的一槍，雖然出師不利，但蔣經國遇刺逃過一劫後，雖接班計劃如預期，但也使他開始反思，國民黨對臺灣人爲善，建設臺灣成爲反共之地，爲什麼臺灣人要殺他？其後，他就推行所謂的「吹臺青」方針，開始啓用臺灣省籍青年菁英份子，如李登輝、林洋港、邱創煥、許水德等人。蔣經國爲了人身安全，直到他去逝，從此沒有離開過臺灣。

挺直腰、昂起頭，展開救夫行動

命運的轉折，令人驚嘆。黃晴美從一開始就是行動的執行者，而不是被動承受苦難的「家屬」。她面對兄長和夫婿的行動，始終抱著絕對信心和支持。夫、兄同時被關，是一個多麼沉重的負擔。但她卻說，對一個失去自由的人來說，如果又同時失去對外面世界的接觸，那將會更加痛苦。於是她認定，她將是他們二個人唯一的手、耳、腳，必須全心支援。這一時間，她同時扮演了媽媽、牽手、妹妹、同志等不同的角色代理人，忙得她沒時間去做一個「軟弱的女人」，她說。

自才和兄長被關在惡名昭彰的紐約著名「大墓」居留所①。第一次去探監時，除了手續繁雜外，看到那個個都是一八〇公分以上、面目凶悍的守衛，就足夠把她這個不到一五四公分的弱女子嚇破膽。她只好告訴自己「腰要直挺、頭抬高，阿兄和自才是爲臺灣人入監！」這瞬間，突然覺得那些人都變小了，心情也自然沉穩下來，接著才有辦法繼續和兄長、夫婿在電話中討論事情。沒時間哭，也不能說內心話，感情就暫時放在心內。

一九七一年六月，被交保的黃、鄭二人爲了安全和能夠延續宣傳臺灣獨立運動，決定棄保逃亡。在兄長和夫婿同時棄保逃亡時，晴美一個人要獨自面對來自四面八方的龐大壓力，包括不同想法的同志、捐款人、美國司法等，但她毫無選擇的努力挺直腰桿，昂頭面對。少有人可以如她，爲譜就臺灣人的集體歷史，同時瞬間失掉兩個至愛。

黃文雄棄保後，從此人間消失，直到一九九

六年他成功地偷渡回臺，才結束二十六年的黑名單流亡生活，公開露面。在失蹤那麼久的歲月裡，無人知道他藏身在何處，甚至連最親密的家人也都全然沒有任何行蹤訊息。親朋好友均以平常心對待，抱持著沒有消息就是好消息的態度處理面對。

八月鄭自才向瑞典政府尋求政治庇護獲准後，也把在美國的妻兒帶往瑞典定居。不料，在一九七二年六月三十日，美國政府因應臺灣國民黨的請求，卻向瑞典政府提出「無理」引渡鄭自才的要求，希望將其押回美國接受審判。已經受到瑞典政府政治庇護的鄭自才，沒料到瑞典政府居然有條件接受強權美國的引渡要求而被拘提入獄。這樣的政治操作，引發瑞典國際人權團體強烈不滿和撻伐，在強烈的輿論指責下，瑞典總理不得不出面公開承諾兩點：「第一，要求美國政府不得將人送回給臺灣的政府；第二，在其服完刑期後，歡迎他回瑞典定居」。

鄭自才在收到死亡赦令下，開始了在獄中滴水不沾的絕食行動。黃晴美在第一時間也展開救夫行動，結合國際特赦組織救援，同時也開始在外絕食。這樣的政治事件引起瑞典社會極大的注意，每天都是頭版頭條的新聞焦點。幾近一週後，救援抗議行動無法有效阻止政府的遣送政令，獄中絕食的鄭自才在快被溺斃、身心違和且亟需救生纜繩的時候，還是被強制用推車送到機場。

黃晴美奮力結合國際特赦組織救援。瑞典人民是可愛的民族，當得知鄭自才將被送到機場，很多瑞典人於是躺在進入機場的道路上，企圖阻止押送鄭自才的押車經過，幾經折衝，車子只好轉換車道，順利押送到機場。鄭自才面對遣送，從頭到尾採取抗衡態度，但還是逃不過政府的公權力。

飛上天的鄭自才經不住身心的折磨和上空高壓的侵襲摧殘而昏倒，飛機只好緊急在丹麥機場下降急救。丹麥政府不敢收留一個沒有身份的政治難民。最後經過國際特赦組織協調，英國政府

(6)

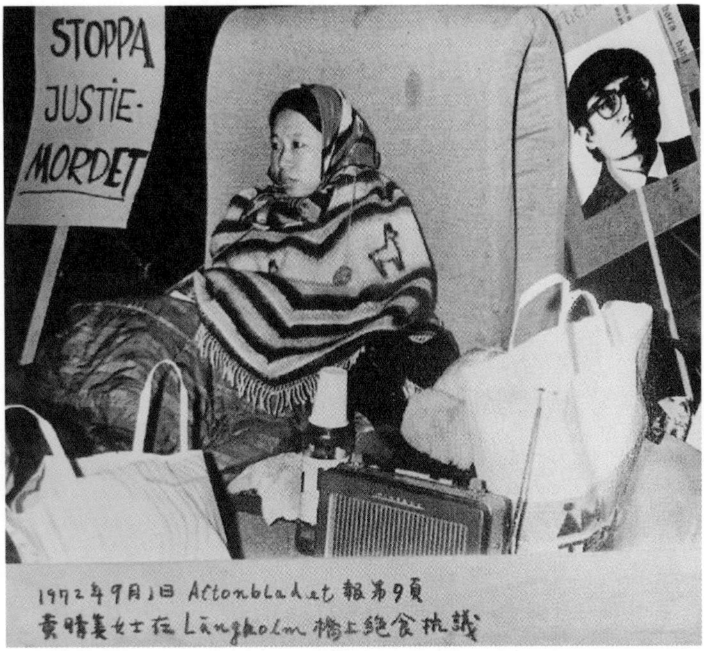
STOPPA
JUSTIE-
MORDET
1972年9月1日 Aftonbladet 報第9頁
黃晴美女士在 Långholm 橋上絕食抗議

(6) 黃晴美在瑞典Langholmen監獄外絕食抗議鄭自才被引渡去美國，一九七二年九月一日Aftonbladet報導。

有條件同意收留，以美國必須重新在英國提出引渡程序爲要求。

於是鄭自才又從丹麥機場飛上了天，到達英國後隨即被安排入獄。這時的他，猶如太空人，在模糊和混沌中被彈到億萬光年之外。但在現實情境的他，已毫無抗衡之力，只能接受第三次入境第三國的監牢，重新提起引渡的司法程序。

這樣的轉折，又上演了另一齣戲劇性的戲碼。這時，黃晴美又得轉移戰場，來往於瑞典和英國之間，開始展開救夫的司法救援行動。

英國政府要求美國再度向英國提出引渡的程序作業，於是這個政治案件在英國打了訴訟。鄭自才雖然認爲行動本身的動機是因政治理念，但也承認不是臺獨聯盟團體下令的政治活動，而是他們個人的行爲，這種結果成了「個人的暴力事件」，最高法院二票輸給三票，就這樣輸掉了官司。

這個官司也成了英國近年著名的六十大司法案件之一。

就這樣，鄭自才又飛上了天，被押回美國接受審判。黃晴美在失望之餘，只能接受這樣一個殘忍的現實情境。一個政治殺手的罪與罰，在歷史軌道中繼續往前行。一顆子彈，改變其一生，更改寫了臺灣的命運。經過時間的沖刷，臺灣的民主運動也繼續往前移動著……。

一九七三年八月，鄭自才在美國以企圖謀殺罪、唆使罪被判五年有期刑期，同時入監執行。在執行二十二個月後獲得假釋，他選擇了又回到瑞典和妻兒相聚團圓。

跟國民黨政府鬥智以聯繫年邁父母

在白色恐怖的六〇、七〇年代，家中一旦有人涉政治案件，不管眞假，警總抄家滅族，祖宗八代絕不放過。這種白色恐怖的狀況，相信黃晴美兄妹也曾料想過，但就如他們當事人所說，如果要考慮親情的糾結，就什麼事也動不了。

(7)

(7) 晚年的黃晴美，致力推動臺語文運動。

四二四這一槍響，同時振盪到太平洋另一端的臺灣家人。無一可以倖免，包括夫婿的家人和自己的父母等人，馬上被警總盯上。我們無法想像一時間家人的驚恐、焦急、無奈，還有伴隨而來的困頓處境，就如晴美所說：「家人在臺灣，什麼事都不知道，他們更不知道我們頭腦內到底在想什麼，也無法跟他們解說清楚。」在沒有電話、網路，只能靠書信往返的年代，這眞是一個大難關。

聰明的她，用盡心機，想出妙計來和國民黨政府鬥智。她隨即去找到即將要去臺灣採訪的美國記者，拜託他們有空時去探望父母，有機會爲他們解釋所發生的事情。臺灣政府官僚最怕美國記者，這漂亮的一球，成功達標完成任務。

同時，她也很清楚，寫回去的家書一定會被檢查，故她心思細膩的想，信件一定要寄掛號，這樣可以確定父母是一定要收到。爲了保護無辜的父母，面對警總，一切可提的事，坦誠最好，她會實實在在的跟父母說清楚。信抵臺灣後，有時是警總的人直接送到家裡，有時候警總的人會去問父母，有沒有收到女兒的信？其實警總已掌握所有的訊息，只是試探他們的誠信而已。

爲了要確認信件有到父親手上，她預做伏筆，在信上會直接說，如果沒有收到信，就要父親去郵局查。因爲是掛號信，她在美國這邊都可以查得到，而且這邊郵局的人跟她很熟了，也知道她的特殊身份，如果讓他們知道沒收到掛號信，人家一定會拿來當笑話，搞不好還會引起記者的興趣，這對國民黨政府官僚是很沒面子的事。

後來漸漸失去通信，只能偶而透過親友得知父母及家人的近況。雖家人也認爲這樣反而比較清靜，但這也是一種無形的情緒折磨，大家也只能承受。但有誰可以理解他們各自所承受的重量！

一九八〇年事緩了，經過多方努力，父母親終於可以到瑞典和他們團「圓」，可惜只是團了一個「半圓」。晴美說。媽媽身體不好，坐了十萬八千里的飛機，忍受腰痛的折磨，最希望看到的當然是她日夜牽腸掛肚的大兒子，最終還是讓她失望了。晴美爲此心疼不已，也只能安慰媽媽，哥哥身體和一切很安好，爲了他的安全，我們就什麼都不知道，這是保護哥哥最佳的方式，若眞有事，總會有人來通報。只能以「沒消息就是好消息」以自我安慰。

她自述，那時的她，都是以「母雞」在保護著她周圍所有的「小雞」的心情在和國民黨拼鬥，也對自己所做的事負責。這是一個她自己一手安排的戲碼，已成爲無法逃遁的命運，一個她得自己概括承受的重責。我們難以想像她堅韌的意志力來自何方、所承受的千斤重量有多沉重！

選擇離婚做自己，再婚突破黑名單

生命經歷過這麼多的衝擊和折磨奮鬥，在整個過程，她如何從選擇一個臺獨青年、做伙行臺獨路到離婚，相信是根據她自己自主的價值和原則，自覺性的覺醒和抉擇。

黃文雄說道：「一九九三年我還在逃亡時，她有一次和第二任丈夫Percy去看我。那時她告訴我說，早在鄭自才因美國政府要求瑞典政府引渡前，她就決定要離婚。但自才落難了，她自然要把這個念頭先放一邊去，全力支持他。因爲救援及相關後援工作需要有她以『妻子』的角色扮演才能完成，包括她千里攜子由瑞典前往美國探監的種種不爲人知的辛苦和壓力。一直到自才出獄返回瑞典，她才提出先分居而後離婚。」

因此對有些人以她「茹苦含辛」、「賢妻良母」之類的讚美，她說她是「既領情又難以領情」。領情是因爲讚美是出於善意；難以領情是因爲她這樣做是出於她自己的自主價值和原則，並不是出於傳統社會的期待或誡命。那些讚美雖然出於善意，卻同時也在無意中低貶了她，也低貶了她對「同志」鄭自才的敬重，和仍有的無關男女之情的其他感情。

(8)

(9)

(10)

由兄長在她逝後對她的思念文詞中，我們可以很清楚看到，她所做的每一個抉擇都是經過她自主深思後的最後定格。離婚後的她，獨力撫養著兩個兒女。她在瑞典仍然以她所學的語言教育爲主要的求生工作，受瑞典政府聘請爲母語教師，教導臺灣移民家庭子女的母語教育，並同時協助做中文的翻譯工作。

一九九一年爲了突破黑名單，她和相識很久的雕塑藝術家Percy Anderson結婚。並以他做保鏢，成功突破黑名單入關後，結束二十八年的流亡，也開始每一年都回臺灣，享受短暫對故鄉的情，彌補過往對故鄉的失落與思念。

她很努力經營也成功幸福的享受著她的第二次婚姻，還有兒孫圍繞的快樂生活。我曾讚美她所獲得的幸福婚姻，她就說，這是上天特別給她的「特留份」。

推動臺語文運動，以母語書寫心路

晴美自小對語文就有其天分愛好，他們一家可能受到大哥的影響，在高中時期，由兄長帶頭學習英文。尤其是接受一位修女的建議，與其花太多時間讀文法，倒不如練習最弱的聽說寫，其中自然可以學到文法。於是家人省吃儉用買了一

---

(8) 黃晴美與第二任丈夫Percy Anderson。

(9) 黃晴美與第二任丈夫Percy Anderson。

(10) 在瑞典，右起日青、黃晴美、吳清桂及日傑。

(11)

(12)

套當年非常流行、由四海唱片出版，號稱「學英文不求人」的英漢有聲大字典的「林格風」英語唱片練習聽講。聽熟林格風是個很便宜的另類「沉浸學習法」，黃文雄這麼認爲。後來，晴美拿到留美獎學金，據說英文自傳寫得好是原因之一，也是奠定她一生都在語文教育工作上的基石。小妹後來也上了臺大外文系，從事外文翻譯工作。

黃文雄說，一向擔心母語存亡的晴美，在突破黑名單回臺後，馬上和「李江卻臺語文教基金會」聯絡，想了解臺語文的推動狀況。她雖然在六十歲後才開始有機會學習臺語文的書寫，但學習快速，因她認定臺語讀寫是做臺灣人的本份，她以行動來實踐自己的理想。

長期推動臺語文運動的「李江卻臺語文教基金會」執行長陳豐惠提到，大部份了解四二四刺殺蔣經國事件的人，大概都知道晴美有參與，但應該很少人知道晴美除是臺獨運動的行動者外，她也是一位溫柔、堅定的母語運動者。她一向都用溫柔的聲調，跟別人解說「漢羅合用」的臺語書寫方式及重要性。晴美不但自己努力學習，還經常捐款贊助。從二〇〇〇年認識陳豐惠後，豐惠邀請她幫《臺文BONG報》雜誌的〈臺灣人寫眞〉專欄寫稿。她眞心歡喜，就開始著手寫四二四事件和她家族的故事。

二〇〇六年筆者去瑞典和她相聚時，親自告訴她，臺灣有人想幫她寫回憶錄，她卻認爲她可以自己寫。她認爲用自己的母語書寫才能眞切表

(11) 黃晴美紀念座談會、紀念會側影1。

(12) 黃晴美紀念座談會、紀念會側影2。

(14)

(13)

達自己的心路，她也決定要用自己的母語寫自己的故事。

可惜，晚年因爲罹患了失智症，漸漸失去思考能力，也因此中斷了她的臺語文創作。不過，經過多年努力，她仍留有數篇遺作：〈Hmh hmh食三碗飯e反抗者〉、〈阿兄kap「四二四」〉、〈追想四二四事件 kap gun tau(我們家)e故事〉、〈Sweden e「gin-a權利」教育〉。

槍與玫瑰：她是永遠的勇者

槍與玫瑰自古以來就是打破威權統治者的革命手段，柔性的玫瑰戰爭不易，舉槍更是殺頭革命，是非常時期的非常手段。成者爲王，兩者各有其功能。

經歷四二四刺蔣蔣案驚濤駭浪的生命波動後的自才和晴美，被放逐到了一個無形的社會監獄，各自回歸了平靜的日常生活。雖遠離了臺灣人的集體意識，但生性堅毅的晴美沒有被擊垮，反而因爲長期抗爭而累積了無限的能量，建立了廣闊的社會人脈資源。日後的她，在瑞典的社會積極參加當年正蓬勃發展的各項社會改革運動，包括女權運動、國際救援運動等。

在她後半生的浪跡生命，和臺灣幾乎是脫節的，卻心繫臺灣。勇敢的她，在黑名單尚未完全解除前，她默默偕夫婿成功回到近三十年不曾踏過的家門，之後年年偕夫返回故鄉，享受鄉情和親情，也接受了故鄉一切的美與醜。

⒀ 黃晴美紀念會一隅。

⒁ 《天涯．人間．黃晴美》書封。

但，命運捉弄，晚年失智，她和臺灣的聯結又中斷，直到生命的終結。

二〇一八年一月三〇日，因爲大動脈病變在瑞典她的第二故鄉默默離開了。她的離世，一如她一貫的作風，悄悄的，不爲人知。直到情同姊妹，又是同爲鄭自才前後任妻子的我（作者）在加拿大發文追念後，才由臺灣的社運團體「臺灣中社」廖宜恩教授出面爲她在臺北籌辦了一場感人的追思會。同時也爲她出版紀念文集《天涯．人間．晴美》，以感謝她對臺灣民主的貢獻，讓臺灣人能認識這位勇敢偉大的女性前輩。

晴美一生的奉獻，就是執著於她對另一端無價存在的追求。在此，我們也許可以試著走進她的心裡，試著揣測當年她的心語，但，畢竟太遙遠，我們無法進入，只能遠觀、感受。她的流逝留給我們的卻是一個待填充的永遠的謎。

黃晴美一生獨立自主，堅強勇敢，爲人所不敢爲，回首她的生命軌跡，步步都是當代女性的先行者。在性別意識閉塞的年代，她自己掌握著生命的主導權，包括學業的追求，婚姻的選擇和人生的規劃。在男人們因害怕而遠離政治時，她卻主動參與了驚天動地的革命行動。當她的兄長及夫婿相繼因此案而被迫逃亡時，她扮演了重要的後繼補給及精神支助，成了他們最堅強的後盾力量。夫婿被引渡的官司中，她奮戰不懈，全力救援，獨力撫養兒女長大。在她短暫的生命中，永遠保持著她簡單優雅，堅毅不屈的身軀，爲我們樹立了女性最美好的典範。

她曾說：「女性要有獨立自主意識能力，才能成爲「完整的女人」，也才能成爲「更完整的人。」

晴美，她是永遠的勇者，一朵壓不扁的玫瑰，始終保持著她的優雅，留下了蒼白卻美麗的身影，永遠堅毅的矗立在我們臺灣人心中，綻放著美麗的芳香。

(15)

(15)黃晴美快樂出帆！

註釋：

① 1983 年重建後更名爲曼哈頓拘留中心(Manhattan Detention Complex)。

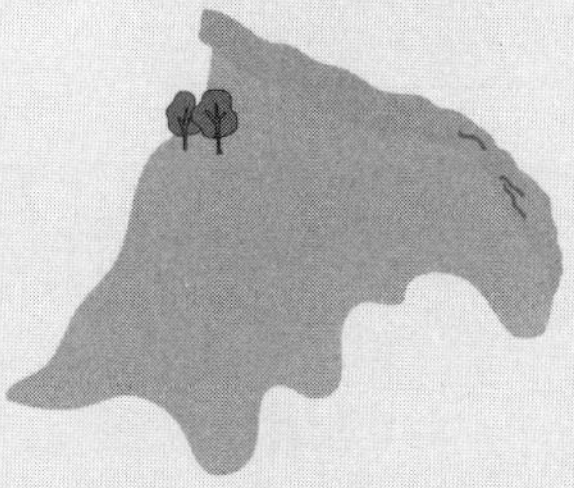

黃晴美故居：

新竹市北區湳雅一帶。

交通資訊：

自新竹火車站，搭乘16號公車（往台大分院）至「光華國中站」下車，沿光華二街步行3分鐘，左轉鐵道路二段步行約4分鐘，右轉即為湳雅街。

參考資料：

廖宜恩、陳豐惠編，《天涯・人間・晴美：黃晴美紀念文集》，前衛出版，2018。

露凍花心牡丹開
——臺灣第一苦旦廖瓊枝的戲劇人生

文．劉秀庭

被譽爲「全臺灣最會哭的女人」——歌仔戲國寶廖瓊枝，她不僅扮相美麗、身段優美，她清苦的身世投射在苦旦唱念演出，表現爲獨特唱腔觸動人心。她眞實的人生也反映了女人在藝界求存的現實何其不易，然而在痛苦中她依舊堅持，才能開出美麗的花。

一九七〇年代起她投入教學，數十年不曾停下腳步，不畏辛勞，對歌仔戲的傳承貢獻心力，因爲她始終對歌仔戲懷抱感恩之情，認定「在我最艱苦的時候，歌仔戲給我一個家」。

廖瓊枝
重慶北路四段
延平北路五段
薪傳歌仔戲劇團
財團法人廖瓊枝歌仔戲文教基金會
保安宮
花博公園新生園區
民族西路
廖瓊枝故居
臺北市萬華區西園路一段
廖瓊枝歌仔戲文教基金會
臺北市士林區重慶北路四段55號
行天宮
臺北市文昌宮
N
淡水河
臺北車站
新保聲歌劇團
西昌街
芳明館舊址
龍山寺
西園路一段

二〇二一年十月，在臺北戲曲中心舉辦的第三十二屆傳藝金曲獎，將「戲曲表演類特別獎」頒給高齡八十七歲、戲齡超過七十年、作育英才數十載的廖瓊枝。原就身形細巧的她體重僅剩三十公斤，著一襲典雅旗袍出現在會場，短短不到十公尺的距離走了十幾分鐘，不分出版或戲曲類的學界、藝界、官員等人士爭相致意，此起彼落的呼喊「廖老師！」傳達了感恩、感佩與感動。

評審團總結廖瓊枝獲獎理由，除了她「扮相美麗、身段優美、唱腔感人，以其清苦身世投射在歌仔戲苦旦唱念演出有著特殊情感表現」，更肯定她一九七〇年代淡出戲臺轉身投入歌仔戲教學的貢獻。獲獎無數的她，數十年不曾停下教學的腳步，也始終對歌仔戲懷抱感恩之情，認定「在我最艱苦的時候，歌仔戲給我一個家」。

謙沖自牧、有禮、認眞，藝教、言教、身教並重，廖瓊枝國寶光環閃耀，但這光耀的原初卻盡是苦澀不堪的女性處境與女伶遭遇，其中部分素材曾透過戲劇製作《凍水牡丹》一、二集呈現在觀眾面前，使劇院臺上臺下成了淚海。

廖瓊枝，被譽爲「臺灣最會哭的女人」，也是一位哭著堅持走下去的勇者。

臺灣最會哭的女人，聲聲含藏孤女的愁與痛

一九三五年出生的廖瓊枝是基隆人，母親廖珠桂與富少林欽煌原是「烏貓姐、烏狗兄」相戀的美事，但家世貧富懸殊。珠胎暗結後，林欽煌曾懇求家長讓兩人成婚遭拒，十九歲的廖珠桂默默生下廖瓊枝，其間林欽煌雖也有照顧與陪產，林家還是趕忙另外幫他安排親事，斷絕這露水姻緣。

私生女廖瓊枝實歲兩歲半時，母親像是一心求個了斷似的堅持參加龜山島旅遊行程，竟遇翻船事件而殞命。行前，阿嬤阻止廖珠桂不成，堅持「欲死你家己去死，莫連囡仔攏共我抱去」，留下了廖瓊枝活命。此後，廖瓊枝也就由阿公、阿嬤撫養，早年完全不知道還有生身父親存在，

(1)

(1)廖瓊枝飾演苦守寒窯十八年的王寶釧（攝影：陳少維）。

直到八、九歲時聽阿公跟別人談起，才隱約有點認知。

日後，廖瓊枝自己也在不如意的兩性關係裡有了非婚生孩子，她一直在咀嚼母親昔日承受的痛苦，在婚姻、愛情、前途都黯淡的境遇中，那種存心尋死的心情，母女竟然這樣類似。

生命裡缺乏父親的形象與關愛，不知不覺反映在廖瓊枝一九九七年爲第一屆兒童傳統戲劇節編寫的《黑姑娘》裡，這齣歌仔戲版本的灰姑娘故事，女主角朱麗絲以獨唱委屈地控訴父親不關心、缺席與失職，導致她獨自面對後母與壞姐姐的欺凌。

與阿公、阿嬤相依為命，貧、老、幼致多受人欺

廖家這個多舛的家庭，說來成員都沒有血緣關係。廖瓊枝喪母後，由再組婚姻的阿公廖阿頭、阿嬤廖黃氏蘭撫養。廖珠桂及嫁到艋舺的阿姨廖阿儉都是養女，辦完廖珠桂喪事後，阿嬤帶廖瓊枝搬到萬華西昌街幫人洗衣、幫傭，阿公留在基隆繼續補傘、補鼎鍋的小生意。阿公、阿嬤擔心日後沒人照顧廖瓊枝，可能也怕日後無人捧斗，便收養了一位少女阿春做廖瓊枝的「嬸嬸」，藉之再招個叔叔入門可以照顧老小，想不到他們沒多久就「相𤆬走①」，二次大戰後期，阿公、阿嬤與讀到小學二年級輟學的廖瓊枝疏開到員林，接連感染瘧疾，叔嬸也幾乎不聞不問。

戰後，他們被安置在圓通寺山腳下過著貧戶的生活，久病不癒的阿公似是斷舌自盡，嬤孫遷居艋舺西園路，生活仍然無著落，鄰人看她們可憐，便拿個木箱、一條毛巾，加上一塊本錢，讓十一、二歲的廖瓊枝批枝仔冰沿街販售，開啓廖瓊枝童工的生活。她打赤腳，一早批油條叫賣，中午後賣枝仔冰，該地區艋舺戲院、芳明館散戲前會開放十分鐘免費欣賞，跟許多孩子一樣，廖瓊枝有機會就進戲院「撿戲尾」看個夠，再帶著興奮的心情繼續叫賣。

為了一雙繡花鞋加入進音社，貧女求生存卻落入債務騙局

大約十二歲時，廖瓊枝加入歌仔戲子弟社團「進音社」，她聽說若參與到登臺獻藝的話，可以獲贈一雙繡花鞋，心中憧憬無以復加——這樣她就不用在曬得發燙黏腳的路上打赤腳忍苦了！同時進音社員看她貧苦卻上進，也介紹她到研仔會社②做童工打雜。

廖瓊枝原先負責捧研仔，她一心想多賺錢，趁眾人午休時，自行撈起印模要練習上車臺，結果印模超出她預期的重，一下子拿不住又掉回水桶，溫度近乎沸水的冷卻水濺起，還撞倒了水桶，廖瓊枝的腳燙傷隨即起泡，即使她自己強忍疼痛不敢吱聲，水流了一地還是讓她招來師傅的臭罵，以致這份工作告吹，腳傷靠各種偏方醫到潰爛很久才痊癒，當然也失去了獲贈那雙繡花鞋的機會。

十四歲時叔嬸搬回西園路住，長年跟阿公、阿嬤相依爲命的廖瓊枝反而成了外人，吃飯時挾口菜要配都會被白眼，無奈之下，她只好搬出去住老闆家賣紅豆湯。這一年，廖黃氏蘭病歿，廖瓊枝孑然一身，只有離家。

進音社小生阿儉介紹她進丈夫萬富仔的賣藥團唱歌，另一社員阿款仔也提出廖瓊枝去住她家空房間兼搭伙，一天收她五塊錢。從此廖瓊枝開始她的負債人生，悲慘的是幾乎所有的債都不是她爲了自己去欠下的，貧女受欺，碰見的每個有心人士，都拿老實無依的她當搖錢樹。

少女的債務是這樣開啓的：賣藥團看天吃飯，能作場時，廖瓊枝唱歌「叫花③」招來客人及賣藥，北部冬雨連綿，家裡蹲讓她積欠阿款房錢。阿款熱心地介紹廖瓊枝去當養女，拿走八百塊領養金，結果那養家其實是「暗間仔」（私娼寮），廖瓊枝驚狂逃走卻要不回賣身錢，只好把自己賣進「金山樂社」歌仔戲團做「賤戲囝仔④」還債，原則上三年四個月沒有薪水也沒有自由，可是阿款的機巧又一次發揮——她同時把親女兒一併送進戲班，拿走所有錢，但是女兒不知是否

與阿款有密謀，沒待幾天就逃走，兩個童伶的賺金⑤全賴在廖瓊枝身上。

十四歲，天涯零丁、分文皆無的廖瓊枝，邁入了永遠有人丟債務給她揹的職伶生涯。

金山樂社遭頭家娘養母虐待，受海派京劇童伶訓練

「賺戲囝仔」與「養女制度」在戲班沿襲已久，往往交參運用，戲班能以最廉價方式取得未來可能成爲優秀演員的賣身契約，對一般家庭來說女性不若男性要繼承宗祧，容易成爲釋出做養女、童養媳、賺戲囝仔的主流。但兩者之間還是有把人力資源當做財產的「物權」差異——養女算是買斷，賺戲囡仔則在期限內擁有。賺囡仔的價格通常視容貌、外型、性別、時間長短而有差異，童伶學藝期間不乏因訓練、演出或虐待而受傷的情事，因此在賺字的契約書上，常有載「恐有風水不虞，與銀主(班主)無干」字樣。

但戲班的分工上，卽使幾乎是全女班，經營權與經濟權仍多數掌握在男性手中，這也微妙地形塑了戲班小社會裡女性爭攬男性垂青的文化。據戲班不成文規則，金山樂社頭家娘有調教新人的責任，但她非但不教導，反而百般凌辱、虐打廖瓊枝，猶如對方生來就該受她糟蹋，天天擺臉色，動輒打罵。

當時金山樂社有五十多位成員，受海派京戲影響，演出很重舞臺佈景變化與聲光效果的連臺本戲，團裡專職換布景的壯漢就配置六位，內臺戲換景迅速，人手不足時連演員也得在後臺幫忙。

這段期間廖瓊枝受到喬財寶啓蒙，每天起床從幫師父燒水、奉茶開始，訓練走箍(跑圓場)、拗腰(下腰)、釘跤(蹲馬步)、輾步(雲腳)、蹉步(碎步)、擋壁(拿頂倒立)等。喬財寶是海派京劇滯臺名角王秋甫的弟子，與蕭守梨、蔣武童、陳春生、蘇登旺被歌仔戲界並譽爲「五虎將」，這一脈相承的，是海派京劇完整的童伶訓練。

十七歲時，已經很喜愛演戲的廖瓊枝，難以割捨地演完第五個晚上，才帶著戲班姊妹幫她偷回的身分證，逃班躲回萬華，加入賣藥團。

一生僅有的愛情傷逝，不愛的人卻來糾纏，成了憂愁的單親媽媽

在賣藥團唱著《陳三五娘》、《山伯英臺》、《金姑看羊》、《安安趕雞》等愛情、家變戲文，廖瓊枝也遇到人生唯一的愛情，對象是嬸嬸的房客春生。這段關係隱密內斂，膠著無力，終是有情無緣。

廖瓊枝加入金鶴劇團，重返歌仔戲臺。想不到才十九歲就落入當時在該團擔任講戲先生的陳金樹之手，成了受欺、受騙的單親媽媽。也是因爲懷孕幽悶，藏著這個秘密的廖瓊枝曾返回西園路，半意外地與春生重逢，春生熱切提出不放棄向他母親爭取兩人婚事的心意，苦澀無言的廖瓊枝總是什麼都沒辦法說，漠然冷待，這個打擊如冰水澆在春生頭上，據聞此後時常藉酒澆愁。

陳金樹別號「十點半」，有「丑生王」美譽，工丑角又善編導。所編戲文精采、緊張、滑稽、別出心裁，後曾在電臺與電視演出與排戲，灌製唱片暢銷海內外，獲唱片冠軍獎；一九五六年首創歌仔戲編劇制度的麥寮拱樂社，也聘請陳金樹編寫新作拍攝歌仔戲電影，最著名的作品包括《婉鳳樓》、《八百零八年》。

戲班裡衆人皆知陳金樹有「鬥陣」的「妻子」，廖瓊枝當然拒絕他的糾纏，不過陳金樹並未死心，更進一步設局逼姦廖瓊枝。

內臺戲班後臺就猶如遊牧民族的營地，利用開放空間分配「鋪位」，通常採抽籤或團主分配來決定。一件蚊帳罩下來，就是這十天該演員臨時的家，倘若帳門低垂，形同房間的門鎖，外人不得任意掀門進入，而外界的閒人等也禁止任意進出後臺。

三峽戲院入住第三夜，廖瓊枝剛剛朦朧睡去，就感到蚊帳有動靜，繼而吹入冷風，是陳金

(2)

樹掀蚊帳隱身黑暗中要求歡，廖瓊枝不肯，陳金樹悻然上樓。再過一夜，廖瓊枝下戲後發現鄰鋪室友沒下來睡，心生警覺，上樓去叫人，對方卻不肯下樓睡，廖瓊枝戒慎恐懼，夜夜提防，以致數晚都睡不好。這樣過了幾天，到了第七夜，終致疲倦過度鬆懈心防沈睡，陳金樹下樓侵犯她時，第一時間竟然不太有知覺，待驚醒要拒絕已經無力回天，而且很倒楣地，這一下就讓她懷孕。

從小失親，廖瓊枝痛惜母親被拋棄的遭遇，一個孤女努力活下來驚濤駭浪不斷，潔身自愛的她心底渴望的是有個正常的婚姻、建立一個家，她不甘願像多數戲班女性菜籽命，姊妹共事一夫做人家細姨，可是陳金樹對她的作爲，粉碎了她對人生的基本想望，後來又糾纏了許多年，甚至再度被迫爲他生子，即使也曾受過恩惠，她對陳金樹的怨恨卻是非常非常深。人生走到八十幾歲，回首過往，廖瓊枝還是喟嘆「我這一生都在忍耐別人對我私心安排」。

欠新債還舊債，演戲不夠養家，為了還債再度被騙婚

陳金樹數度贌廖瓊枝到不同戲班並拿走錢，在龍霄鳳階段，名小生班主陳秀鳳提攜廖瓊枝挑樑演苦旦，在生旦對戲中，指點廖瓊枝眼神如何流轉拋接、手勢如何柔美兼傳情、情緒如何轉折表達，讓廖瓊枝受益無窮，也感恩於心。

初入龍霄鳳時，廖瓊枝向班主借了一千五百塊的「班底」，算是預支薪水，其中一千兩百塊拿去還陳金樹以她名義借走美都劇團的錢，其餘

(2) 廖瓊枝飾演《陳三五娘》的俏ㄚ環益春（圖片提供：廖瓊枝歌仔戲文教基金會）。

(3)

債款靠每天演戲來抵扣。想不到演到艋舺的芳明館時，廖瓊枝最初習藝的金山樂社老闆痟豬母尋來，要廖瓊枝回金山樂社演戲抵債，廖瓊枝不肯，只好又向龍霄鳳借兩千塊還痟豬母。這借錢還債的模式一再循環，班底銀不計息，但是東借西借卻越滾越驚人，二十二歲不到的廖瓊枝欠龍霄鳳的班底銀增加到三千多塊，而女兒身體很不好，邊演出邊掛心後臺傳來的嬰啼，讓廖瓊枝演出難以專心，戲劇品質一落千丈，於是她由苦旦被降級到武旦，後又再被降爲老旦，欠款高、價值低，龍霄鳳也不願意再借這個藝員錢了。

以婚姻爲條件，拿錢替走投無路的廖瓊枝解決問題的是瑞光劇團樂師林良全，廖瓊枝雖然恨男人很深，被債逼急了還是不得不再賭一次，「嫁」給林良全後，才知道解決債務以得到她的那筆錢是借來的，林良全根本有老婆小孩，而且做樂師收入遠低於做苦旦的廖瓊枝，因此仍是廖瓊枝養家。

這段不如意的婚姻中，兩人生下廖玉眞與廖文庭。每天一早安頓好家人，趕赴電臺唱現場，像她這種兼演外臺戲的演員，有戲的日子要先預錄好當晚八點到十點半的節目。上午場唱完，廖瓊枝沒戲時趕回家幫小孩洗澡、洗衣以及處理大大小小的家務，還得去路上撿煤渣塊供家人使用，晚上再趕八點半電臺唱現場；有戲就把孩子託婆婆照顧、自己趕赴廟口戲臺演日、夜戲，回家又是做不完的家事，從二十三歲到二十八歲，肩頭擔子極重，是廖瓊枝一生最拖磨的階段。

---

(3) 廖瓊枝二十六歲飾演《三娘教子》苦旦王春娥，贏得地方戲劇比賽青衣獎（圖片提供：廖瓊枝歌仔戲文教基金會）。

(5)

(4)

牡丹桂閩劇團巡演東南亞，以寶蓮燈的三聖母一舉翻身，生活終於改善

一九六三年廖瓊枝隨「牡丹桂劇團」前往南洋，坐了好一段時間冷板凳，心悶惶恐，幸好陳金樹暗中幫忙，讓她憑著《寶蓮燈》一劇女主角走紅翻身，攢下三萬塊回臺。

從小清苦加上一直受經濟窘迫所苦，廖瓊枝想把錢存起來，但是「丈夫」林良全另有打算，兩人總因嫌隙冷戰。不如意的婚姻仍然折磨著她，林良全甚至不高興就家暴，戲迷朋友知情都勸她離開，說不出口的煩悶日日重壓心頭，與舊日唯一戀情男主角春生重逢，一句「你當初嫁給我就不會這麼可憐了……」，成了壓垮駱駝的稻草，讓她二度圖謀自殺。

這個尋死未果的事件有神祕經驗的色彩，在廖瓊枝的感知中，宛如早已故去的阿公、阿嬤顯靈，在她心灰意冷要找個地點跳水自盡之際，以身著長袍馬褂、又像壽衣又像古人的形象，一路尾隨她甚至在面前揮手要阻擋她跳河，達到目的後分別往昔時安葬的方向遁去……。廖瓊枝從驚嚇到冷靜，悟到了一點道理，覺得幽冥中仍有親人在保護她。

孤女惟恃幽杳願力撐持，然而現實的貧窮與不和諧，對孩子也有著深刻的影響，長女廖漢華被林良全罵「雜種仔」之後，居然買了安眠

---

(4) 廖瓊枝與四個孩子（圖片提供：廖瓊枝歌仔戲文教基金會）。

(5) 參加牡丹桂劇團海外演出，十一位台灣演員去新加坡沒房間住，照片中的老太太邀請眾演員到他們家住三天（圖片提供：廖瓊枝歌仔戲文教基金會）。

藥也鬧自殺，廖瓊枝哭「要死咱們母女一起死！」下定決心跟林良全協議分手。林良全要了他們生的女兒廖玉眞，與廖瓊枝兩人緣盡。還好後來廖玉眞也回到廖瓊枝身邊，孩子是她的命，再怎麼吃苦都不願放棄。

這段期間，廖瓊枝待過包括新復興、新琴聲、民聲等外臺戲班，在新琴聲，廖瓊枝憑著一則報紙小方塊的時事報導，首度嘗試編劇，作品爲《宮怨》，這齣宮鬥戲是姻緣錯配下，苦旦爲保住情人，大著肚子被逼供打死的苦齣，受到觀衆灑淚歡迎，日後她也在薪傳歌仔戲劇團傳授此劇。

自組新保聲被戲迷扛戲臺，終於買了房、從戲棚退休

三十四歲這年，廖瓊枝邀集好夥伴陳剩、林金子等人合股共組「新保聲」劇團，除了演戲之外，她也要負責「引戲」——幫劇團媒合宮廟以拓展演出業務，這些拜訪客戶的伴手禮，廖瓊枝向來準備得很完善，也從來不動用公款支出。劇團經營不到半年就賺錢，也沒有人爲了活不下去借班底銀先用，對照過去她自己一直被別人拿去借班底，債上添債地永遠還不完的悲慘，可見新保聲基本上營運與紀律都良好、團員生活無虞。

新保聲以古路戲著稱，風靡大臺北地區。有次在萬華龍山寺旁，工人誤將戲臺搭在前臺北市長周百鍊公館圍牆邊，演出第二天日戲尚未開演，警察就來造訪，以接獲民衆抗議擾亂安寧爲由，要她們撤掉舞臺。經協調後，警察表明如果能把戲臺移到對街，就准許她們演出。舞臺的搭設有粗管的竹子以及鋪設的木板，重達幾十噸，劇團方面原先認爲拆臺再換位子搭根本緩不濟急，廖瓊枝想乾脆跟觀衆致歉，改天再演，想不到才一宣布，現場觀衆耳語騷動，傳出：「扛戲棚啦！」的聲浪，漢子們竟然各就各位，一聲吆喝把戲臺平移到對街。這天的戲照常順利演出，廖瓊枝的新保聲演到

被扛戲棚的傳奇，也很快傳開於戲界。

一九六九年中視成立，次年小明明⑥邀請廖瓊枝參與中視歌仔戲錄影，新保聲團務交由其他股東掌管，並且另聘一名苦旦，一年後由陳剩頂下，結束廖瓊枝唯一一次自組的職業戲班。在中視這個小明明領銜的新復興歌仔戲團，廖瓊枝採用了「廖憶如」爲藝名，首錄《李廣大鬧三門街》飾演洪錦雲。中視錄影生涯維持了四年，又因黃俊雄布袋戲史豔文風靡全臺收視率高達九十七%，造成學童曠課、公務員不到班影響民生秩序，成爲國會質詢的議題，布袋戲、歌仔戲遭禁，廖瓊枝錄影生涯中斷，只得回到廟口演外臺戲，加上大女兒的收入，維持租房子住、時常欠缺家用的生活。

爲了增加收入，完全不會英語的廖瓊枝一九七四年在表姊的安排下，隻身赴美打黑工，經過一路的雞同鴨講終於抵達紐約，到成衣廠車衣服，晚上還接私單日以繼夜工作。五個月的時間裡，她曾因遇到臺灣鄉親同事，哭哭笑笑聊開自己的悲慘身世與「孝男神⑦」的愛哭性格，一不留神把左手車了四、五針，還好沒留下什麼後遺症，但不明原因的胃痛讓她決定回臺灣就醫。短短五個月，她賺了二十多萬新臺幣，而同樣金額演外臺戲的話，差不多需要演一千五百天才賺得到。

這筆收入讓廖瓊枝終於有機會擁有安定的「家」——買房子。結合了她的現金、女兒的積攢，以及起一個民間自助會，湊出六十三萬頭款，四十二歲在臺北市新生北路置宅。此時孩子比較大了，經濟也寬鬆些，廖瓊枝首次感受到生活壓力的鬆動，大女兒進一步提出希望一直辛苦不已的母親從戲界退休，一逕拒絕外臺戲邀約，廖瓊枝明白女兒心意，接受了這個轉變，結束二十八年的職伶生涯，閒散日子有時與過去戲迷交流，有時指導來請益的戲界後進。然而，這種清閒日子並不舒心，子女各自就學、就業，獨守著空蕩蕩的屋子，廖瓊枝更容易挑起傷心的回憶，不時陷入哀愁之中。

(6)

(7)

THE
GOLDEN MELODY
AWARDS
FOR
TRADITIONAL
ARTS AND MUSIC
文化部

踏入文化界，鑽研教學、推廣越來越有興趣

一九八〇年廖瓊枝的生命出現轉機，她在資深樂師兼民謠演唱家陳冠華的引薦下，參加許常惠教授主辦的第二屆民間樂人音樂欣賞會，搭配演唱〈桃花過渡〉這類的歌謠，後於單獨演唱中展演最拿手的歌仔戲哭調，哀痛的詮釋給許常惠留下了深刻的感受，相信別人也能共感。之後許教授舉辦的活動，不論是音樂會或是政府招待外賓，都會找廖瓊枝去唱哭調。

廖瓊枝走進了文化界，正是一九七〇年代臺灣本土音樂尋根風潮興起，同時傳統歌仔戲逐漸走形變味的當口，舊的、逐漸式微的聲音正需要搶救。許常惠的推想是合於實情的，文建會招待外賓晚宴中，一點都不懂臺灣話的外國嘉賓聽了廖瓊枝演唱，感動於聲情，竟然默默取下眼鏡擦著淚水。唱著唱著，廖瓊枝得到文化界的美譽——臺灣最會哭的女人。

到了臺灣本土文藝復興的一九八〇年代，行政院頒定「文化資產法」、各種文化交流與文化傳承工作熱鬧展開，廖瓊枝在沒有劇團與財團奧援的狀況下，僅憑一己之力作傳承，想以自己的腹內功夫、唱做念表經驗，爲歌仔戲這個讓她活下來進而養活一個家的表演藝術，盡一份薪火相

---

(6) 一九九三年第七次介壽館音樂會，廖瓊枝飾演益春，與李登輝前總統、京劇顧正秋、崑劇華文漪、豫劇王海玲合影（圖片提供：廖瓊枝歌仔戲文教基金會）。

(7) 二〇二一年廖瓊枝獲傳藝金曲獎戲曲表演類特別獎（圖片提供：廖瓊枝歌仔戲文教基金會）。

(8)

(9)

傳的心力。

她於一九八五年擔任宜蘭縣文化中心舉辦的「歌仔戲研習營」教師，也參與宜蘭戲劇館的籌備，貢獻唱腔，錄製許多歌仔調的示範演唱，這是歌仔戲百年來首度進行的唱腔曲調整理，一套五卷錄音帶共收錄了百多種曲調，喜愛歌仔戲的年輕人幾乎都透過這套示範唱片自主學習過唱腔。

此後是東征西討、南北奔波的教學與演講示範生活，包括師大、臺大、文化、輔仁等大學院校以及各地獅子會、扶輪社等大小社團，競相邀請廖瓊枝進行或長或短的課程與分享。

一九八七年開辦的臺北市社教館延平分館歌仔戲班，一開始找林義成老師指導，他尋覓、搭配過幾個歌仔戲演員進行教學，效果都不太好，後來找了廖瓊枝一起教課，這個歌仔戲研習班終於穩定下來，並且成爲臺北市社教館（後改名藝文推廣處大稻埕戲苑）最悠久也年年舉辦成果展的一門課。始終貢獻心力、擦亮招牌的，就是廖瓊枝歌仔戲。

一九八八年，廖瓊枝獲得第四屆教育部傳統藝術薪傳獎，次年她號召一手栽培的研習班學生成立「薪傳歌仔戲劇團」，早期主要劇目包括《山伯英台》、《陳三五娘》、《什細記》、《薛平貴與王寶釧》等，藝術特色是極重唱腔與身段。廖瓊枝親自編寫劇本，小學二年級沒念完的她，一遇到寫不出來的字，常常先在手稿上畫個「○」做標示，有時旁邊還有片假名的注音，等上課時再問學生，而她個性太謙虛，都是以「請益」的態度問字，並且鼓勵學生多多深造。在廖瓊枝的觀念

---

(8) 民族藝師授證剪影（圖片提供：廖瓊枝歌仔戲文教基金會）。

(9) 民族藝師授證剪影（圖片提供：廖瓊枝歌仔戲文教基金會）。

裡，能多讀書、增益學問是很寶貴的事情，她也始終敬重「有讀書」的人。

教學不只是跑遍臺灣一週上課五十小時以上，被譽爲「臺灣第一苦旦」的廖瓊枝還致力建立過去很缺乏的歌仔戲教材，除了以選定的劇目進行錄影保存，進一步拆解身段、唱腔、教學法製作教材書籍，其中身段教材相當特別，收錄了歌仔戲行話稱呼各種手、眼、身、法、步的名詞與示範，也把一些細緻、缺乏專屬稱法的動作或手勢進行命名，讓學習者可以循序漸進地學習。這是對全球歌仔戲的重大貢獻。

一九九八獲第二屆教育部「重要民族藝術藝師」及國家文化藝術基金會第二屆「國家文藝獎」；一九九九年復興劇校升格爲國立臺灣戲曲專科學校，廖瓊枝擔任首任歌仔戲科主任，廖瓊枝歌仔戲文教基金會成立；二〇〇八年獲第二十七屆行政院文化獎，同年獲陳水扁總統頒發總統府二等景星勳章；二〇〇九年獲行政院文化建設委員會文化資產總管理處指定爲「重要無形文化資產」，並進行技藝傳習保存，同年於國家戲劇院演出《陶侃賢母》，之後正式封箱隱退；二〇一二年獲國立臺北藝術大學名譽博士學位；二〇二一年獲第三十二屆傳藝金曲獎戲劇表演類特別獎。

廖瓊枝轉化了前半生的悲苦，傳授她美學堅持的歌仔戲，成就了一派燦爛，然而她還是很謙虛的，只要有機會就不斷宣揚「買張票去看戲，各團、各種都好，有觀眾，表演藝術才能萬年久遠。」透過她的實踐及堅持，歌仔戲與她本身都有如牡丹花心凍過露水，芬芳綻放，處處盈香，在她的影響下，雖說萬年久遠的大願略屬誇飾，但是眾多後輩深掘這藝術的萬底深坑，卻也有眉有目了。

(10)

(11)

(10) 第一屆文化資產保存獎－人間國寶授證典禮（圖片提供：廖瓊枝歌仔戲文教基金會）。

(11) 第一屆文化資產保存獎－人間國寶授證典禮致詞（圖片提供：廖瓊枝歌仔戲文教基金會）。

註釋：

① 私奔之意。

② 臺灣的玻璃產業1887年起源於臺北萬華，日治時期因爲鐵路經過而帶動的工廠經濟，如彈珠汽水、玻璃廠、木材行林立。廖瓊枝工作的玻璃廠名稱不可考。

③ 賣藥團於該場演出開始階段，以唱歌仔或演奏方式召來觀衆，稱爲「叫花」。

④ 由父母將子女賣給戲班數年的童伶，又稱「戲童」。

⑤ 賣童伶的身價銀。

⑥ 歌仔戲小生小明明本名巫明霞(1941~2017)，出身歌仔戲家庭，曾與柳青、楊麗花、葉青合稱「四大小生」。

⑦ 愛哭鬼之意。

廖瓊枝故居：

臺北市萬華區西園路一段一帶。

交通資訊：

自捷運龍山寺站下車後，沿艋舺公園步行即為西園路一段。

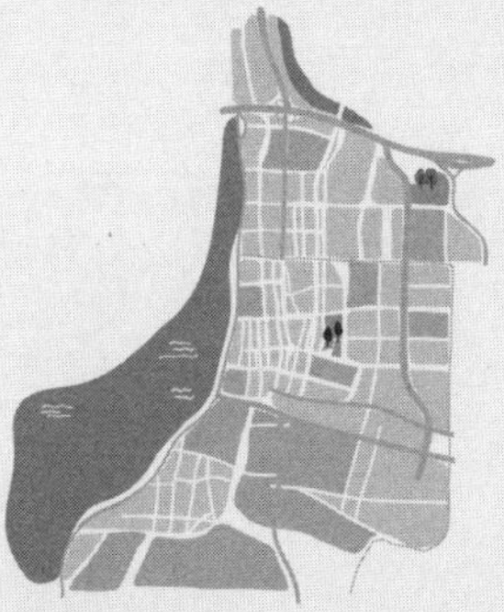

財團法人廖瓊枝歌仔戲文教基金會：

臺北市士林區重慶北路四段55號。

交通資訊：

自捷運圓山站下車後，向南沿玉門街步行，左轉承德路191巷，再轉入承德路三段即看見「民族承德路口公車站」，搭乘9號（往社子國小）／215號（往台北海大）／811號（往蘆洲）公車，至「海光新村站」下車後，右轉至重慶北路四段49巷步行約5分鐘，再左轉至重慶北路四段即可抵達。

參考資料：

1. 邱昭文著，《臺灣戰後初期的亂彈班研究》，南華大學美學與藝術管理研究所碩士論文，2001。
2. 邱坤良著，《陳澄三與拱樂社：臺灣戲劇史的一個研究個案》，國立臺灣傳統藝術總處籌備處出版，2001。
3. 蔡欣欣著，〈1960年代臺灣歌仔戲「柏華閩劇團」新加坡演出印記考索〉，戲劇學刊第二十一期，國科會，2008。
4. 紀慧玲著，《凍水牡丹：廖瓊枝》，印刻出版，2009。
5. 廖秀容著，〈戲棚娘子—杜玉琴口述〉，臺灣時報臺灣副刊，2009。
6. 羅澧銘著，《薛覺先評傳》，商務出版，2020。

承先啓後，讓女性教育更上層樓

——教育家盧仁愛女宣教師

文／圖片提供：陳美玲

女宣教會突破性別質疑，爲單身女性獲取海外宣教門票，十九世紀末到二十世紀初，女宣教師海外宣教興盛，具教育專業的盧仁愛（Jane-Anne Lloyd）宣教師也在這一波浪潮中受派來臺。

她展現教育家視野與擘劃才能，承先啓後，爲南臺灣第一所西式教育女子學校、前女宣教師所創的臺南「長榮女中」，奠定成長基石；更爲想讀神學，卻因性別限制，不得其門而入的臺灣女性，開辦「女子神學校」。

盧仁愛宣教師來臺灣服務三十年，最後病逝臺灣斯土。

盧仁愛

臺南神學校女子部

臺南市東區東門路一段117號

長榮女中

臺南市東區長榮路二段135號

在臺南長榮女中（簡稱長女）的歷史中①，來自英國的女宣教師盧仁愛姑娘（Miss Jane-Anne Lloyd）扮演重要的角色。這所由女宣教師創立的學校，是南臺灣第一所實施西式教育的女子學校。盧仁愛擔任校長時，嗅到時代改變，將學校從小學提升到中學；另外，她把學校遷移到嶄新的校舍和寬闊的校園，招收更多學生，校譽更是蒸蒸日上。盧仁愛是一位能力優秀的領導者，爲長女奠定堅固基礎，之後更接下創立女神學校（臺南神學校女子部）的重任，圓滿達成使命，展現卓越領導力。

盧仁愛由英國長老教會女宣道會差派，一九〇三年十二月十五日抵達臺灣，正好是女宣教師海外宣教運動風潮時。

婦女領袖創女宣道會，女宣教師來臺宣教

從十九世紀中後期開始，英國長老教會在中國、印度、新加坡和臺灣等地區進行宣教，但是初期沒有差派單身女性。直到英國長老教會女宣道會成立後，女宣教師才得以加入海外宣教的行列。英國長老教會女宣道會（Women's Missionary Association of the Presbyterian Church of England）成立於一八七八年底，由英國長老教會的婦女領袖創立，宗旨爲「推動英國長老教會各海外宣教區中的婦女福音工作，爲此差派女宣教師來完成這項工作。」女宣教師是女宣道會在宣教區的代表；女宣道會募集經費、支付薪資和事工費用、調派人員，是女宣教師的後盾，而以禱告支持，更是彼此重要的聯結。

臺灣直到二戰結束之前，由英國長老教會女宣道會差派到臺灣南部的女宣教師，包括盧仁愛在內，總人數超過三十位，而這個數字尚不包括男宣教師的妻子。這群女宣教師有教育宣教師、醫療宣教師，也有佈道傳教的宣教師，她們各司其職又能緊密合作，推動福音事工。盧仁愛屬於教育宣教師，主要在教會學校中服務。

英國長老教會女宣道會是一個以宣教爲宗旨的志願團體。

十八世紀末開始，歐美的教會爲到海外宣教，紛紛成立各種宣道會。到了十九世紀，形形色色的宣道會如雨後春筍般林立各處，展現出這個時代宣教運動的活潑動能。其中和臺灣最有關連的英國長老教會海外宣道會，創立於一八四七年，一八六五年派馬雅各醫師到臺灣，他是開拓臺灣宣教事工的第一人。

十九世紀西方基督教會的海外宣教運動，受到一股強烈的宣教使命感所催促，他們不畏艱辛，要讓世界各地所謂「生活在黑暗中的異教徒」，能夠聽聞基督福音，得到生命的拯救和知識的啓蒙。

「無私的施惠」召喚志願青年，成員不限，女性也可以參與決策

「無私的施惠」的精神感召許多青年基督徒挺身投入宣教運動。這種精神是指不以個人利益爲出發點，不爲自己搏取上帝的關愛或報償，而是單純爲造福他人去傳揚福音。這些宣道會邀請志同道合、關心宣教的熱心人士共襄盛舉，招募合適的人員成爲宣教師，差派他們至海外宣道。由於是出於個人意願加入，宣道會的成員不限於教會組織裡的要人或高層，只要是有心人，即便是普通信徒，都可以成爲會員，甚至有機會受選爲理事，成爲決策者。

這是一種新的運作模式，在十九世紀之前，天主教會的宣教模式是由教會高層決策和推動，因而造成主導權掌握在男性主教、總主教或教廷的手中。但是，志願性的宣道會只要有心人都能夠參與，因而連女性也能得到前所未有的機會，尤其是在女宣道會這類的女性組織之中，她們能夠參與，甚至能夠做決策。

突破質疑，為單身女性取得海外宣教門票

一開始，大部分的宣道會對於差派單身女性

到海外宣教相當遲疑，甚至持反對態度。理由是什麼？他們認爲女性天生柔弱，海外宣教區的氣候、風土民情大不同，沒結婚的女人大概沒辦法在這麼困難的環境下生活。女性最好是嫁給宣教師，隨著丈夫到海外，做他的後盾。她們若是在養兒育女之餘能夠撥出時間協助一些宣教工作，就足夠了。

因爲如此，有宣教熱忱的女性勇敢站出來，組織女宣道會，讓單身女性能夠取得海外宣教的門票。在女宣道會的支持下，愈來愈多單身女性突破傳統的限制，揚帆航向東方和世界各地。

一八三四年創立於英國的「在中國、印度暨東方促進女子教育協會」，是歐美最早組成的女性宣教團體，專以女子教育爲宗旨。這個「女性限定」的宣教組織，成員都是女性，理事會當然也是全女性，宗旨「爲派遣女性前往中、印等地建立女子學校，對各國女子實施基督教教義爲主、實用知識爲輔的教育，並培養各國的本土女性教師。」②她們差派的女宣教師在東方地區從事女子教育工作，傳遞知識，栽培新一代的女性。

從十九世紀後期到廿世紀初年，到海外宣教的女宣教師的人數愈來愈多。一九一〇年於愛丁堡召開大型的世界宣教會議中，提出統計資料顯示，在世界各地的宣教區中，女宣教師的人數比男宣教師多出二十%。難怪有人說十九世紀是婦女參與海外運動最爲興盛的時期，這實在是一個很有趣的現象。

盧仁愛宣教師就在這波海外宣教運動中，來到臺灣。

威爾斯姑娘來到臺灣，加入長榮女中教育團隊

盧仁愛在一八七〇年出生於威爾斯巴拉城(Bala)，她的父親是牧師。在她幼年的時候，全家從威爾斯遷移到英國利物浦定居。她在利物浦成長、受教育，一路從小學念到中學，再進入「邊山學院」(Edgehill Training College)

就讀。邊山學院是一所著名的師範學校。在當時的英國女性當中，盧仁愛的學歷已在水準之上，相當亮眼。當她畢業之後，在工業城市里茲（Leeds）的小學找到教職，經過一段時間，她承擔起校長職務。盧仁愛在學校工作期間，非常熱心參加當地的教會活動，也因而感受到上帝呼召，引領她踏上奉獻自己服務人群之路，千里迢迢，來到異鄉臺灣南部。

年滿三十三歲的盧仁愛來到臺灣主要從事女子教育工作，在臺灣服務三十年，大致可以劃分爲三個時期。第一個時期從一九〇三年到一九〇九年，初到臺灣，加入英國女宣教師的女子教育工作團隊；第二個時期從一九一〇年到一九二六年，正式接掌長女校長，獨當一面；第三個時期從一九二七年到一九三三年，辭去長女職務，接下籌辦「女神學校」（又稱臺南神學校女子部）的工作，並擔任校長。

盧仁愛是臺灣日治時期，第一位來到臺灣的女宣教師，如果從清領時期算起的話，她是英國長老教會女宣道會派來的第六位女宣教師。在她之前，第一位接受差派的李庥牧師娘伊莱莎宣教師③早已退休回到英國，第二位女宣教師馬姑娘已經離開臺灣，轉換到中國服務。盧仁愛來的時候，有三位單身女宣教師——文安、朱約安和萬眞珠在這裡服務，以經營女學爲重點，共同打理南部教會的婦女事工。她們形成緊密合作的工作團隊，在人手不足的情況下並肩打拚十五年，好不容易才等到盧仁愛。其實，英國長老教會女宣道會要招募到合適的女宣教師，不太容易。海外宣教，不只要有信仰熱忱，教育程度和身心健康也是重要條件，離鄉背井的決心更不可少，能兼具這些條件的人並不多，也更難得可貴。

盧仁愛和其他宣教師一樣，來到臺灣之後，前兩年主要學習臺語，同時從簡單的工作開始，一步一步地投入宣教事工當中。當盧仁愛加入長女的教育團隊時，學校每天上午課程由九點到中午十二點，主要在學習白話字，運用它來讀聖經和聖詩。中午用餐休息到二點鐘。下午課程爲學

(1)

習漢文和日文，直到四點；接著是一個小時的女紅課，讓這些女孩學習簡單的縫製衣服、縫長襪、繡鞋子。五點鐘一到，一天的課程畫下句點。下課到天黑之前，是一段自由活動的時間。學生寄宿在學校，必須打理自己的內務，也要分擔公共空間的打掃，並且在廚工督導下輪流協助煮飯，準備餐食。這些課程和安排，都是爲了培養出有知識、有信仰又有好品格的新時代女子。

當盧仁愛在長女的服務逐漸上手，可以用臺語流利地溝通，教學工作順利地進行，萬萬沒想到，一九〇八年的秋天，來臺灣的第五年她突然病倒，狀況嚴重，由朱約安姑娘陪同她到香港的明德醫院(Matilda Hospital)，住院開刀。幸好，手術過程順利，但因爲身體非常虛弱，必須回英國靜養。這場病對她的健康打擊很大，身體恢復得很緩慢，不過，她沒有被擊倒，也沒有放棄對宣教工作的心志。足足花了一年多休養生息，到一九一〇年秋天，終於能夠再度啓程，回到臺灣，繼續她一生熱愛的教育宣教工作。

(1) 英國女宣教師盧仁愛。

任校長，有眼光，增高等科，遷新址，為長榮女中發展奠基石

盧仁愛返回臺灣之後，正式接下長女校長職務，擔任第一任校長，任期自一九一〇年至一九二六年④。從創校開始，長女一直沒有正式設校長，由朱約安、文安兩位姑娘輪流主持校務⑤，到了一九一〇年後，朱、文兩位姑娘志願前往彰化地區，負責開拓臺灣中部的婦女宣教工作，由盧仁愛擔任校長。她在任內增設高等科和遷移校址，爲長女後來的發展奠定重要基石。她做爲教育家的眼光和行動力在此展露無遺。

長女校址原本位於臺南新樓，一八八七年開始招生。初期學校招生困難，因一般人民認爲女子不需讀書，只能招收到教會信徒和傳道人員的女兒。後來情況改善，大約到了一九〇〇年的時候，學校空間已經不敷使用，爲要容納更多學生，校舍局部擴建，但是充其量也只能容納到六十位學生寄宿。若是申請入學者太多，就請她們通勤。

盧仁愛擔任校長之後，長女的口碑更加響亮，申請入學者持續增加。因名額有限，有時候學校只好婉拒一些申請者。到了一九一六年時，臺南長老教中學（長榮中學）遷出新樓，盧仁愛把位於長女旁邊的長中舊校舍借過來使用，這樣可以再加收六十名學生，空間不夠的問題暫時解套。這個時候，全校學生數已經達到一百二十多名。

發揮擘劃能力，募資金，蓋新校舍

就在這幾年間，一些校友和應屆畢業生紛紛表達想繼續升學的期待，希望學校增設小學以上的課程，讓她們更上一層樓。盧仁愛正視這個需求。她分析當時的教育環境，日人政府已經在臺灣各地廣設小學，但是中學程度的學校數量不足，因而決定辦理高等科。高等科在一九一九年正式招生。一開始學生不多，第一屆只有四位畢

(2)

——(2)盧仁愛（後排左）與其他宣教師合影。

業生而已。但是，自一九二五年起，就讀高等科的學生比初等科的學生多出很多。高等科招生情況愈來愈好，剛好迎接一九二〇年代臺人女性對於更高教育的需求。事後來看，增設高等科是正確的，盧仁愛的遠見讓長女跟上時代的脈動。

爲了學校能長遠發展，盧仁愛開始規畫遷校事宜，畢竟新樓的空間有限，無法擴建。要找到合適的土地不難，新校舍的藍圖也在規畫中，不過，總預算高達六千英鎊，這麼大筆的錢要從哪裡來?幸好得到英國長老教會女宣道會慷慨允諾提供一半的費用，但是另一半費用得由臺人自行籌募。盧仁愛發揮她的策畫能力，在一九一九年將長女校友會組織起來，藉此大力鼓吹校友爲母校奉獻，她也向教會信徒和社會人士爭取贊助，在物價劇烈波動的處境下，竟然能在短短幾年間達標，實在不容易。一九二三年，名爲長榮大樓的新校舍落成啓用，舉行開幕感恩禮拜，開啓學校的歷史新頁。

聘校友任教師，本地婦女參與教學

長期以來，來臺女宣教師的人手一直不足，雖然教士會不斷發出請求，增派人手，但是英國母會能夠派出來的人員總是有限。因此，學校聘用優秀的校友爲老師，做女宣教的左右手，既可解決人手不足的問題，也能讓本地婦女參與教學工作，貢獻所長。創校以來，長女即聘用許多位校友擔任老師，其中以被稱爲「長女之母」的龔瑞珠最受人懷念。

龔瑞珠來自鳳山，她和姊姊龔老得(龔得)都是長女早期校友，這對優秀的姊妹先後在長女擔任教師。姊姊龔老得比較早進入長女任教，可惜她在三十二歲時得肺炎而死亡。龔瑞珠和另一位長女校友潘瑞姑一起受聘爲長女老師，時間大約在盧仁愛到臺灣的前一年⑥。龔瑞珠一生未婚，在長女服務的時間長達四十年，她在長女受教育，又將青春歲月奉獻於斯，二戰期間在工作崗位上因中風而辭世。

龔瑞珠負責教授漢文、聖經和彈琴，後來也兼任學校舍監。盧仁愛稱讚她的能力強，為人眞誠，值得信賴。在年紀輕輕就離開家人的寄宿少女眼中，舍監猶如母親一般。曾經有學生感染瘧疾，她將苦口的奎寧粉用藥膜包住，讓學生容易吞服。夏天蚊蟲多，學生被叮咬後用手抓癢，導致手腳發炎潰爛，龔瑞珠在晚上就寢前仔細為她們清洗傷口，塗上藥膏。有時候，她會把小糕餅放在寢室床鋪上，表達她對學生的關心。許多學生畢業多年後，久久不能忘懷她的關愛之舉。她溫柔堅定，對學生富愛心，諄諄引導她們，糾正她們的過錯，疼愛和教育這群女孩。

盧仁愛的個性嚴謹，認眞負責，是個急性子的人。校長的管理角色，難免讓學生和她有距離感。在她初接校長時，長女大約有五十位住宿生，宿舍規則相當嚴格，寄宿生平日不能外出，每到週末，宿舍舉行大掃除，她們要洗窗戶擦地板，把宿舍整理乾淨整潔。平日每天上午八點，盧仁愛例行巡視，檢查宿舍內務。若是發現灰塵未清乾淨，或是個人物品雜亂，寢室門口鞋子亂擺，她就不假辭色斥責糾正。因為這樣，學生對她敬畏有加，不太敢親近她。但是，其實她有愛護學生的心，如果遇見貧苦的學生，她就暗中幫助。還好，兼任舍監的龔瑞珠個性溫柔，兩人互補，學生既能學習紀律又能得到關愛。

盧仁愛雖嚴謹，卻不會擺出高高在上的姿態對待人。她擔任校長初期，曾經發生一件事，可看到基督信仰的愛心流露在她的身上。那時候，在廚房工作的資深員工基姆病得很厲害，不知道為什麼，年事已高的基姆很希望盧仁愛能夠來為她洗澡。盧仁愛雖是校長，沒有用事務繁忙來拒絕這件看起來實在沒什麼道理的事情。她完成一天的工作之後，就過去為基姆洗澡。這種情操實現了基督信仰的精神，耶穌在世上是為服務眾人⑦。結果，有一次她替基姆洗澡以後，要下臺階時不小心跌倒，腳部骨折，治療好幾個月才好起來⑧。這件小事情顯示她是眞誠愛人，不分高貴或卑微。

(3)

組織「燭光社」，實踐愛人、服務精神，培養學生領導力

盧仁愛來臺辦教育，乃是爲將基督信仰分享給臺灣人。因此，她對於學生的信仰生命十分關注。

一九二二年九月，盧仁愛在長女組織「燭光社」。這是一個假日信仰活動，寄宿生在每週日晚上聚會半小時，學生自由參加。這群少女期許自己爲了愛基督的緣故，每天做一件助人之事，即便是舉手之勞的小事，也能如黑夜中的小蠟燭，照亮身邊的人。在燭光社裡，她們自己推選幹部，自己安排聚會活動，無形中養成她們獨立自主，安排活動的能力。

另外，盧仁愛鼓勵高年級生在禮拜天志願到臺南市區的教會教主日學，帶領小孩唱詩歌，講述聖經故事。這樣的活動有點類似「服務課程」，可以培養學生的領導力，讓學生體會無私付出的喜悅，又可栽培教會兒童的信仰，一舉數得。

籌辦臺灣第一所女子神學校，讓女性也可以讀神學

盧仁愛在一九二六年底結束休假，從英國回到臺灣。這時候，她已經準備好要扛下規畫中的女神學校籌備工作，因此辭去長女校長一職。女神學校是臺灣第一所女子神學校，也稱爲「臺南神學校女子部」，提供女性兩年制的神學教育，

(3) 一九二一年臺南長老教女學校普通科第十回畢業照，盧仁愛（前排右五）和龔瑞珠（前排右二）。

(4) 

訓練她們在教會裡做女傳道或是主日學教員，協助教會工作。這樣的學制是以前沒有過的。經過盧仁愛的統籌和推動，一九二八年四月開辦，校址就在當時臺南神學校對面，將翻修過的姑娘樓和舊女學、婦學⑨的建築物作爲校舍⑩。

開辦女神學校盧仁愛再次施展領導力和執行力，在女神學校的開校禮拜上，長女校友會會長高潘筱玉女士對她盛讚不已，把她比喻成聖經人物宰相約瑟，「料理家，家發達；料理國，國興旺」。這個形容眞是貼切，女神學校剛開辦時吸引許多教會女性踴躍報名，原本計畫招收四十名學生，最後加收至五十人。

高安肆在一九二六年由長女高等科畢業，是一位優秀聰穎的校友。透過盧仁愛的安排，讓她前往日本深造。她是臺灣第一位到日本念神學的女性，完成學業後返臺擔任女神學校的教師。

高安肆一九〇八年出生在高雄阿蓮鄉中路庄（現在的阿蓮區中路里），雙親是中路庄最早接受基督信仰的人。她的父母是純樸老實的果農，受到西方宣教師的影響，明白教育的重要性。這個平凡的家庭經濟不寬裕，仍然把七個兒女都送到臺南的教會學校長女和長中念書，完全沒有重男輕女的想法。這是基督信仰爲她的家庭所帶來的祝福。如果父母沒有接觸這個信仰，家裡的孩子頂多念完小學，然後各自嫁娶，過著平凡的生活。

---

(4) 一九二八年女神學校第一屆師生合照，盧仁愛（二排右六）和高安肆（二排右五）。

資助東京留學，栽培臺灣第一位女性神學教師

高安肆在一九二二年進長女高等科，四年後以優異的成績畢業，她代表全體畢業生上臺領取證書，這是極大的榮譽。那時候，高安肆想要往神學方面深造，可惜當時的臺南神學校只收男生，不收女性。在長女校友中，有好幾位想讀神學的人，像是林琭聰或李秀賢，她們都和高安肆一樣不得其門而入。女性若要研讀神學，只能到日本。那一年，盧仁愛正好在籌備女神學校，需要儲備師資，便委託龔瑞珠向高安肆徵詢意願。高安肆的家境不富裕，到日本進修簡直是奢求。但是龔瑞珠說：「你只要講一句願意去留學，你就可以去。」這個化奢求爲可能的機會讓高安肆激動不已，當場落淚。

就這樣，盧仁愛找到幾位匿名者出資贊助，讓高安肆前往「東京女子神學校」就讀⑪。兩年後高安肆完成課程，於一九二八年畢業回到臺灣。她在新開設的臺南神學校女子部擔任老師。在臺灣教會的女性中，接受過完整神學教育，擔任神學老師，她是第一人。

經過兩年，高安肆和留日的齒科醫生賴聽獻共組家庭，離開教職。沒想到結婚才三年多，賴聽獻病逝，高安肆的幸福人生頓時風雲變色。她肚子裡懷著遺腹女，還有一雙年幼的子女需要她照料。這時候，學校向她伸出溫暖的雙手，讓她回到學校工作。高安肆靠著自己的神學專業，以及信仰的支持，獨自負起扶養三個幼兒的重任。期間，還負笈東京進修，花了一年的時間，在青山學院神學部女子部取得聖書師範科的學位。高安肆回臺繼續教授神學，後來也在高雄淑德女中和長榮女中任教。退休後，移民美國，在洛杉磯推動建設老人公寓「鶴園」，造福臺灣長輩。她的人生看似坎坷，卻靠著基督信仰在人生路程上勇敢前行。一九九四年時，她已八十六歲，在美國衛生福利部主辦的第一屆「年長婦女節慶典」中得到「模範年長婦女」的表揚，是當中唯一得獎的亞裔婦女。

獻身教育，直到人生最後一刻

大約在一九三一年前後，盧仁愛連續感染了兩次惡性瘧疾，身體健康亮起紅燈。爲此，她前往香港的明德醫院進行特別的治療。康復之後，重返工作崗位，繼續爲新設的女神學校打造穩固的根基。

一九三三年五月，臺南的天氣已經熱起來了。盧仁愛像往常一樣進到學校，處理一些行政工作，準備教課。那天，她不太舒服，不過還能繼續工作。經過幾天，她還是不舒服，便到居所附近的新樓醫院看診。醫生診察後，叮嚀她要放下工作回家好好休息。但是她的責任心重，跟醫生說等她教完那天六個小時的課，就會回家休息。於是她抱病上課，但是課上到半途她的體力就撐不下去，才勉強放下工作回家休息。可能是操勞過度加上身體較虛弱，她的狀況快速惡化，發高燒，心臟無力。經過緊急搶救，竟然沒能撐過，不到一週便過世。

在她昏迷之前，醫生坦白告知，她的情況不樂觀。盧仁愛隨卽表示：「就我自己而言，該來的就來。但是，我掛記的事情有兩件，若上帝允許，我很希望再活下去。第一是我希望在女神學再教一年書，讓學校更穩定一些，對再來要接手的人會輕省點；第二，我很想再與我的家人見一次面。」可惜，她沒有撐過這場來得快又急的病症，卽便在生命的盡頭，惦記著的是手上的工作，以及對故鄉親人的思念。其實，這一年她原本可以返鄉休假，卻爲了剛剛站穩的女神學校，決定將自己的休假延後一年。沒想到，竟然就此錯失返鄉與親人相聚的機會。她過世時六十三歲，其實還是壯年。

告別禮拜，長榮女中校友、教會女性領袖齊聚，教育家安息臺灣

盧仁愛過世兩天之後，南部的宣教師和南部長老教會的領袖一同爲她舉辦隆重的告別禮拜，

地點在太平境長老教會。告別禮拜由臺南神學校校長滿雄才牧師親自司禮，各界代表與會，包括南部長老教會代表高金聲、南部女宣道會代表高潘筱玉、長老教女學代表龔瑞珠、臺南日基教會代表鳥居萬之助、女神學校校友代表洪黃碧玉、神學校代表林燕臣、太平境教會代表黃仁榮、長老教女學校友會代表李石舜英、太平境教會主日學代表高侯青蓮等；另外還有從各地寄來的慰電和慰片一百六十一封。

在這場告別式，南部教會的重要人物都到場，幾位女性代表都是長女校友，這一群優秀的教會女性領袖，是長女多年耕耘所得的果實。大家都來緬懷她，向她致敬。盧仁愛去世，是南部教會偌大的損失。但是，共同的基督信仰讓大家深信她是放下世界上的勞苦，回到天上永遠的家鄉。她被安葬在臺南基督教公墓。

教會界對於她的敬重和懷念，銘刻在她的墓碑上以及衆人心中：「教育有爲，謀事果決，義光如日，在父之國。」

(5)

(5) 盧仁愛奉獻一生於臺灣女子教育工作，長眠於臺南基督教公墓。

註釋：

① 長榮女中的校名歷經創立期的臺南女學、臺南新樓女學校、臺南長老教女學校、長榮高等女學校等不同時期，為行文方便，在本文中一律以「長女」稱之。

② 蘇精，《上帝的人馬：十九世紀在華傳教士的作為》（香港：宗文社，2006），頁104-107。

③ 伊萊莎是李庥牧師的妻子，兩人在1867年到臺灣宣教，對於推動臺灣南部的女子教育貢獻很大。李庥在臺灣病逝，伊萊莎向英國女宣道會申請，於1880年成為第一位派駐在臺灣的女宣教師，持續推動建設臺南女學。《女人屐痕I—臺灣女性文化地標》書中有關於伊萊莎的簡要介紹。

④ 許多現有的資料都說盧仁愛在1903年抵達臺灣後就開始擔任長女校長，但是這種說法不正確。根據林安（Ann Livingstone）在《教會公報》所寫的〈盧姑娘的小傳〉，她接校長的時間是1910年。林安，〈盧姑娘的小傳〉，《教會公報》第580號（1933年7月），頁5-6。

⑤ 朱約安，〈女學的先生〉，《教會公報》第234號（1904年9月），頁80-81。

⑥ 龔瑞珠和潘瑞姑大約在1902年起任教。參見英國長老教會女宣道會年度報告，WMA Annual Report, 1902-1903。

⑦ 聖經馬太福音20：25-28：耶穌把他們叫到面前來，對他們說：「你們知道，這世上的人有執政者管轄他們，有領導者支配他們。可是，你們卻不是這樣。你們當中誰要作大人物，誰就得作你們的僕人；誰要居首，誰就得作你們的奴僕。正像人子一樣，他不是來受人侍候，而是來侍候人，並且為了救贖眾人而獻出自己的生命。」

⑧ 楊士養主編，《信仰偉人列傳》，頁143-145。

⑨ 婦學創立於1896年，是一所給幼年失學的婦女就學的學校，在1926年關閉。

⑩ 女神學校（南神女子部）的校舍已經拆除，其位置在目前臺南神學院的慕林館。在1940年時臺南神學校暫時關閉，這個學校也一起停辦。到了1948年臺南神學院復校，不再設女子部，而是男女皆收，給予相同的神學訓練。

⑪ 當時東京女子神學校為兩年制課程，要從女子高等學校畢業者才有入學資格。此校後來併入青山學院神學部女子部。

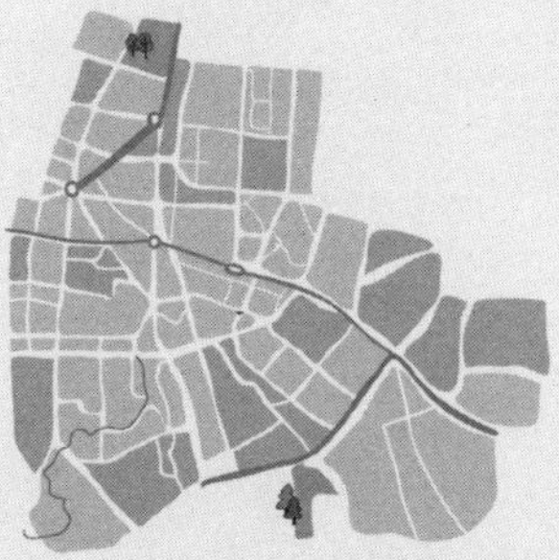

臺南神學校女子部：

臺南市東區東門路一段117號，今臺南神學院慕林館。

交通資訊：

自臺南火車站（南站）搭乘8號公車（往德高國小）至「東門教會」站下車，沿東門路一段步行約3分鐘，右轉即可抵達。

參考資料：

1.不著撰人，〈故盧仁愛姑娘的葬式〉，《教會公報》第580號(1933.7)。

2.林安著，〈盧姑娘的小傳〉，《教會公報》第580號(1933.7)，5-6。

3.校刊編輯委員會，《長榮女中八十週年校慶特刊》，長榮女中發行，1968。

4.蘇寶藏主編，《長女九十年》，長榮女中發行，1977。

5.楊士養編著，林信堅修訂，《信仰偉人列傳》，人光出版，1995。

6.蘇精著，《上帝的人馬：十九世紀在華傳教士的作爲》，基督教中國宗教文化研究社出版，2006。

7.英國長老教會女宣道會年度報告書。

小鎮的女醫師們

小鎮第一位女醫師／從行醫到參政／代夫學醫的奇女子／眼科醫師的先驅

文・張素玢

臺灣日治時期，醫師是社會地位的象徵，當上醫師有如新科舉人，男性醫師高人一等，女性醫師更是萬中求一。

二十世紀初，因緣際會，員林小鎮有四位女醫師；因家世背景，得受高等教育，成就個人專業職涯外，也關心公共事務。四位員林小鎮女醫師是時代奇葩，也讓人看見臺灣中部城鄉發展中的女性足跡。

洪秀枝
慈生醫院
張玉花
至誠醫院
周秀
周眼科
林碧雲
長春醫院
懸壺濟世六十年
員林小鎮女醫師
彰化車站
彰化高等女學校
（今：彰化女子高級中學）
彰化縣婦女會
彰化縣醫師公會
彰化基督教醫院
中華路院區
員林市
臺灣基督長老教會
彰化中會和平教會
員林車站
埔心鄉
長春醫院
慈生醫院
周眼科
至誠醫院
中正路
中山路一段
N

《新修彰化縣志》(二〇一八出版)中,人物篇收錄的女性三十一人,其中女醫師有四位,而且都在員林街(今彰化縣員林市)。爲何四位女醫師都在員林開業?是巧合還是有其原因?二十世紀初,當彰化市、鹿港街爲全臺十大城市時,員林街還籍籍無名。到了一九二五年,員林的人口開始超過排名第十六的北斗,儘管還不能與彰化或鹿港相比,但人口成長率卻是中部地區數一數二的。員林之所以急遽發展,是因爲不但有南北縱貫鐵路經過,又是東西向糖鐵的交會點,加上果品生產、鳳梨加工繁盛;在交通運輸與產業的結合下,使員林成爲潛力十足的新興街市,人口成長率極高,是開設醫院的好選擇。

員林小鎮的四位女醫師各領翹楚;謝洪秀枝是彰化高女、也是員林第一位女醫師,周秀娥兼婦產科、眼科,是眼科醫師的先驅,林碧雲行醫超過一甲子,是員林執業最久的女醫師。張玉花由醫從政,且爲運動高手。她們有幾個共同點:一、出身高女;三位彰化高女,一位臺北第三高女。日治時期臺灣女性在小學校或公學校畢業後,能夠就讀更上一級的女學校,已足以被稱爲女性菁英。一九二〇年代,中部的女性能就讀的最高學府是「臺中州立彰化高等女學校」,北部是「臺北第三高等女學校」。二、日本醫學校畢業;當時因臺灣的醫學校只招收男生,有志攻讀醫學的女性只能到日本求學。三、家庭成員也是醫師;有夫婦,有公媳,有母子。四、皆爲婦產科醫師;因爲傳統的女性仍無法接受由男性生產,選擇婦產科可和男性醫師市場區隔。

四位女醫師是時代奇葩,也爲員林小鎮憑添重要的女性足跡。

小鎮第一位女醫師——謝洪秀枝

搭「中南線」糖業鐵道，到彰化高女讀書

洪秀枝出生於一九〇五年，南投郡草屯庄番子田人(今草屯鎮新豐里)，婚後冠夫姓謝。父親爲當地望族洪獻奎，母親林英。自幼聰慧過人，秀麗端莊，在當時教育尚未普及，社會封閉的時代，便以優異成績，考進臺中州立彰化高等女學校①(今彰化女中)，該校是當時中部的臺籍女性菁英就讀的學校，洪秀枝爲第一屆畢業生②。

從草屯到彰化本來有一條彰南鐵道株式會社在一九一〇年代所經營的輕便鐵路，營運區間爲臺中廳與南投廳之間，可惜一九一六年就停駛。所幸同年帝國製糖株式會社開始經營臺中到六股的線道，一九一八年就延伸至南投，這條路現稱爲「中南線」。洪秀枝每天一早就搭這條中南線糖業鐵道至彰化高女，直到一九二五年畢業。

一九二〇年代，高女畢業就有如女秀才，但她有自己更遠大的抱負，想進一步攻讀醫科。由於臺灣還沒有女子醫學校，一九二五年彰化高女一畢業便遠渡日本，進入東京女子醫學專門學校(今東京女子醫科大學)就讀，專攻婦產科，並取得醫師證書，是彰化高等女學校第一個取得醫師執照的畢業生。在日本讀書時，經親友做媒，與同是草屯故鄉的謝如松結婚。

千里姻緣一線牽

丈夫謝如松(一九〇二至一九五五)南投郡草屯新庄人(今草屯鎮新庄里)，出身望族。祖父爲前清秀才，父季崑，母林祝。一九一八年草屯公學校畢業，旋即考進臺中州立臺中第一中等學校(今國立臺中一中)，也是從草屯搭「中南線」

(2)

(1)

到臺中第一中等學校就讀。雖然早就注意到秀外慧中的洪秀枝，兩人又同時候車，但是在當時拘謹的社會風氣下，彼此並沒有交談。一九二三年謝如松臺中一中畢業後，家中繼續栽培他到日本讀醫科，進入東京慈惠會醫科大學，後來才在親友撮合下於日本與洪秀枝結婚。

五個小孩六個保姆，念書兼育兒

兩人在東京結婚，洪家還從臺灣找了一個女傭跟在身邊幫忙。醫學校的學業非常繁重，但是這段期間秀枝幾乎一年生一個小孩，育兒與念書難以兼顧，為了好好照顧小孩，經濟雄厚的洪家和謝家，讓他們每生一個就請一位日本保母，但五個小孩卻有六位保母，原來還有一個管理保母們和育兒所需各種物品的總保母。

儘管陸陸續續聘了六個保母，身為母親還要攻讀醫學的秀枝，身體上與學業上的負荷還是相當重，所以早早就戴上了眼鏡，這是早期年輕婦女很少見的。夫妻兩人雖只是暫居東京，寓所養花植草，池塘有魚，小鳥鳴唱，布置出一個相當雅致的環境。在東京近六年的時間，洪家或謝家在日本的親友也常來造訪③。

一九三一年秀枝東京女子醫學專門學校畢業後，取得醫師證書，進入東京女子醫學專門學校附屬病院（今東京女子醫科大學醫院）研究婦人科，是彰化高等女學校第一個取得醫師執照的畢業生。丈夫謝如松，一九三一年畢業後也進入東京帝國大學附屬東京市立駒込病院（今東京都立駒込病院），研究治療傳染病的新技術。

---

(1) 一九二五年的洪秀枝（圖片提供：謝文周）。
(2) 就讀臺中第一中等學校的謝如松（圖片提供：謝文周）。

(3)

(4)

開設慈生醫院，是小鎮第一位女醫師

一九三二年，秀枝與丈夫謝如松返臺，本想在臺中開業，同業長輩認爲臺中的醫院已經飽和，不如開設在正蓬勃發展的員林街，兩人認爲有道理，於是選擇員林街開設「慈生醫院」，這是員林街第一家有女醫師執業的醫院。

行醫五十載，也關切地方婦女教化

夫婦生性良善，對貧困病患常沒收診療費，深獲地方人士與醫界敬重，謝如松個性豪放活潑，愛好戶外活動的人，中學時曾登新高山（玉山），也喜歡游泳，交遊廣闊，在地方上非常活躍，曾擔任員林街方面委員、員林街政研究會委員④、員林中學設立委員⑤，大力推動社會教化及公共事業，在衛生事務上尤其提出許多建議⑥。一九四二年擔任臺灣奉公醫師團員林分團會長。戰後曾擔任臺中縣與彰化縣醫師公會會長達十八年，加上他有十一個小孩，只要孩子就讀的學校，幾乎就被選上家長會長，所以各種社會活動占去了大部分的時間，慈生醫院的看診工作就落在秀枝身上。

---

(3) 謝洪秀枝（左一）、謝如松（後排左一）、和日本保母（右一）與臺灣女傭（後排右一，可能是原住民）（圖片提供：謝文周）。

(4) 一九三二年謝洪秀枝夫婦與五個小孩剛回台灣時（圖片提供：謝文周）。

(5)

(6)

除了自己開設的醫院，謝洪秀枝也擔任員林女子公學校校醫，一九三六年任員林街女子教化委員，對於員林地方的婦女教化有實質上的貢獻⑦，戰後也出任婦女會重要職務⑧。

由於謝如松擔任太多要職，應酬也多，或許過度操勞，在一九五五年就撒手人寰。秀枝從此母兼父職，要爲患者診斷治療，又得肩負五男六女的教養工作，其中的辛苦非一般人所能忍受，所以兒女都成家立業後就退休。其子女從事財政金融、服務業、教育工作，各有其表現，她曾被彰化縣政府表揚爲模範母親。執醫一共長達五十餘載，也榮獲行政院衛生署頒發資深優良醫師獎杯，嘉許表揚。

兒女衆多的謝洪秀枝，子孫滿堂，晚年的她正可以享受山水之樂，卻不愼於一九九三年跌倒，從此與床爲伍，一九九六年三月一日蒙主寵召，享壽九十二歲。

---

(5) 女醫師的社會地位極高，秀枝（左三）在婦女會也擔任要職（圖片提供：謝文周）。

(6) 謝洪秀枝（抱小孩者）謝如松（後立者）和小孩們（圖片提供：謝文周）。

從行醫到參政——張玉花

張玉花，本姓郭，一九一八年出生於臺北社子的一個基督教家庭。父郭和約，爲日治時期鐵道部員工[9]及雙連教會長老；母林甜，她爲林甜所生之長女[10]。

出身社子的基督教家庭

社子島是淡水河和基隆河下游中間的大沙洲，一八七八年四月十四日馬偕在社子的崙仔頂，設立臺灣北部早期的基督長老教會，崙仔頂聚落的李家和社子聚落的郭家都是馬偕早期的信徒。當時的崙仔頂也叫「浮嶼仔」，四周環水，要往淡水聽講道必需坐兩個鐘頭的渡船。社子郭家在基督教傳播有重要地位[11]。張玉花的父親郭和約在日治時期受洗，已經是郭家第四代的基督教徒，也被推舉爲雙連教會的長老。在這樣的基督教家庭背景成長，她的人生因此和宗教有所連結。

考進臺北州立臺北第三高等女學校

臺灣最早的女子學校爲清末一八八四年馬偕和牽手張聰明所創立的「淡水女學堂」，原先創校目的是爲了培養女性傳教人員。同樣由教會創辦的「新樓女學校」成立於一八八七年，兩所教會女學校都是私立的。日治時期一九二一年的「臺北第一高等女學校」（今臺北一女中的前身）主要供日本人就讀，北部臺灣女性的公立最高學府則是「臺北第三高等女學校」（今中山女高的前身，簡稱臺北第三高女）。

當時能考上「臺北第三高等女學校」的都是女性佼佼者，多出身重視教育的家庭。郭玉花以

(1)

(2)

(1) 張玉花攝於臺北第三高女時期（圖片提供：張作文）。

(2) 員林番仔崙張家清河堂（圖片來源：《員林鎮志》）。

(3)

優異的成績考進臺北第三高女，她不僅學業表現出色，也是非常優秀的運動選手，不管是籃球、排球或田徑都相當擅長。

嫁入員林張姓世家

當時高女的畢業生常被名門世家相中，視為最佳的媳婦「候選人」，郭玉花則是經由同是基督教背景的員林傅大穆醫師⑫介紹，而與員林張寬洪結為連理，結婚後改夫姓，而為張玉花。張寬洪為員林番仔崙（今員林市崙雅里）張天良後人，張天良為日治時期番仔崙的大地主，曾任保正。婚後夫妻同赴日本習醫，因為當時臺灣的醫學校還不收女性，女性多赴日求學。

女醫師自行開業，打籃球，熱心體育

兩人分別就讀於東京女子醫學專門學校（今東京女子醫科大學）、昭和醫學專門學校（位於東京，今昭和大學）。學成後，張寬洪於員林鎮林厝開設小兒科，她則在員林開設婦產科診所「至誠醫院」。通常夫妻都是醫師者，多共同開設醫院或診所，張玉花選擇在人潮較多的市街上⑬。原來，先生張寬洪必須兼顧年邁的父親，所以在老家林厝開業⑭。張玉花是員林少數女醫師自己開醫院的⑮。

(3) 任縣議員的張玉花（後排中）與彰化縣參加省運會的女排選手於一九五二年合影（圖片提供：張哲豪）。

(4)

(5)

員林鎮的長輩還記得張玉花的身影，身材稍胖的她常身著直筒淺色旗袍，穿著高跟鞋，待人和氣但也有點威嚴⑯。身手矯健的她，結婚生子後，還曾經和員林江（文湧）小兒科的先生娘江林彩鳳一起加入籃球隊，兩個有小孩的媽媽打起籃球毫不輸人，更代表彰化縣參加過兩屆臺灣省運動會⑰。

積極參與公共事務，當選議員，服務婦女

由於個性急公好義，愛打抱不平，又對政治有興趣，張玉花參選彰化縣議員，成為彰化縣第一屆縣議員（一九五一年二月至一九五三年二月），該屆全縣只有六名女性議員；第二屆又當選連任（一九五三年二月至一九五五年一月），該屆僅五位女性議員⑱。在她任內致力於婦女權利的提升，倡導婦女學習手藝作為副業，提高婦女知識，強化婦女會及爭取教育機構為問政目標。

---

(4) 張玉花（右，第二屆縣議員任上）與女婿凃春木攝於一九五四年（圖片提供：張作文）。

(5) 員林鎮選手參加省運獲精神總錦標於一九五二年留影，攝於員林鎮公所門口。

因曾爲排球選手，亦熱中推展體育，員林的運動代表隊授旗或凱旋歸來，總在場鼓勵運動選手。一九五二年彰化縣參加於屏東縣舉行的第七屆臺灣省運動會（一九五二年十月二十五日至十月三十一日），獲得非常優秀的成績，員林鎮的女排和男子拳擊的表現尤爲突出，彰化縣更獲得第七屆臺灣省運動會精神總錦標。當時彰化縣的副領隊爲林朝業（後來的員林鎮鎮長），也兼任省運會的大會審判委員會委員，以及拳擊裁判長，張玉花則時任彰化縣縣議員。

此外，也歷任彰化縣婦女會理事、彰化縣婦聯會常務委員、彰化縣軍人之友社理事、員林鎮調解委員會委員、員林鎮體育會理事、員林鎮婦女會理事等職⑲。

張玉花育有二男四女，從縣議員卸任後，仍積極參與醫師公會及婦女會活動，但不幸於一九七七年在訪美途中病逝於匹茲堡，得年八十。

(6)

(6) 張玉花（立者右二）張寬洪（立者左二）夫婦與其子女（圖片提供：張作文）。

代夫學醫的奇女子——林碧雲

林碧雲，臺中人，一九一八年生。本姓陳，父陳登財，母施秀蓮，排行三女，就讀「臺中州立彰化高等女學校」（今國立彰化女子高級中學）⑳。

彰化高等女學校培育中部女性菁英

彰化女子高等普通學校在一九二二年更名彰化高等女學校。雖然「高等女學校」嚴格上來說，不算是「高等教育」的一環，但是對女性而言，這已經是當時她們在臺灣能受教育的最高學府。

高等女學校的教育內容以婦德養成爲主，課程多與家庭生活知識技能相關，是培養賢妻良母的教育機構。主要科目包括歷史、地理、數學、理科、國語、外國語、修身、家事、裁縫、音樂等。高等女學校的學生，多出身良好的家庭，接受新式教育又有婦德養成教育，成爲大衆心目中媳婦最佳人選。

進入世家，婚後代夫學醫

陳碧雲以第一名成績畢業後，考入教員養成所，培訓後到臺中大雅國校任教，原本就極爲出衆美麗的她，經過高女教育的薰陶更是端莊優雅。有一天陳碧雲正在等車，巧遇員林的林糊醫師，林糊見到氣質出衆的她，很想要她當林家的媳婦，多方打聽之下，很快的找了媒人說親，果眞娶到這位智慧與容貌兼具的媳婦。

到底林糊醫師是誰？他別號鐵骨生，畢業於

(1)

(2)

(1) 一九四二年彰化高等女學校學生與教師合影（圖片來源：國家文化記憶庫）。

(2) 林糊醫師（圖片來源：趙水溝，《員林大觀》，臺北：臺灣新民報社，一九三六，頁二五四）。

臺灣總督府醫學校，後於員林街開設長春醫院，曾參加林獻堂、蔡培火、蔣渭水等倡議的臺灣議會請願運動。一九二五年參加臺灣文化協會，被推舉爲臺灣文化協會理事，也當過員林街協議會員、員林信用組合監事。

除了政治活動外，林糊在文學界也極爲活躍，以鐵骨生爲筆名，曾與賴和等人在臺中成立臺灣文藝聯盟，創辦《臺灣文藝》雜誌，是臺灣文壇轉進現代文學的代表人物之一。妻林許治爲秀水庄長許遜謙的女兒。

與公公主持「長春醫院」，專長婦產科

碧雲嫁給林糊的獨子林漢忠，婚後改姓林。林糊希望畢業於臺中第一中學校的兒子結婚後能學醫繼承家業，但是頗有主見又愛自由的漢忠怎樣都不願意，父子關係相當緊張。夾在公公與丈夫之間的林碧雲十分爲難，遂大膽向公公建議代替丈夫去學醫。林糊雖然參與社會運動，思想也算開明，卻無法接受媳婦這個要求，後來還是婆婆林許治代爲勸說，林糊才勉強答應。

於是夫妻兩人相偕到日本深造，林碧雲進入日本帝國女子醫學專門學校（今東邦大學），丈夫就讀明治大學經營科㉑。就學期間二戰爆發，一方面要讀書，一方面又要照顧小孩，非常辛苦。於一九四四年返回臺灣，與公公林糊醫師一同主持員林「長春醫院」，專長爲婦產科。

戰後，林糊更上一層樓，被推舉爲歡迎國民政府籌備會會長，任三民主義青年團員林北斗區指導委員，出任員林郡守、臺中縣議員等職。不料一九四七年二二八事件林糊被羅織爲「暴動奸首」，他被憲兵綁赴至臺中火車站準備移送臺北時，偷偷塞給媳婦一張紙，留詩以代替遺言：

「眼看河水已流東，一船西去一船東，順遂風波各不同。寄語順風船上客，明朝未必是東風。」

公公與丈夫雙雙入獄，爲營救林糊，家人變賣了大筆地產，仍未有結果。碧雲除了要在醫院

(3)

(4)

(3) 林糊（後右三）與岳父家族合影，一九三〇年代攝於秀水庄長宿舍前，後排左一林碧雲、左三林漢忠、前右四林糊妻許治（深色衣）、中坐者秀水庄長許遜謙夫婦（圖片提供：林糊長孫林潤東）。

(4) 林碧雲與兒女合照（圖片來源：《中國時報》二〇〇四年十一月十日）。

看診，還得幫婆婆養豬補貼家計，她不知至親下落，得四處打探消息，常常帶著稚子到臺中監獄查看槍斃名單，深怕公公與丈夫列名其上，心理上備受煎熬㉒。所幸，林糊及林漢忠父子被關了一百〇八天以後，就在將被執行槍決前，奇蹟獲釋返家㉓，後來在友人力保下全身而退。一九四七年林糊獲行政院頒贈「志慮忠貞」木匾一方，算是還他清白。

診所繁忙，難兼顧家庭

林碧雲共有七個兒女，但是診所醫務繁忙，只有過年、颱風日才有空休診，陪伴家人的時間也就比較有限。她女兒林勝美回憶說，小時後孩子們拉著媽媽的手想去看電影或出去玩，但只要有患者上門，行程馬上就取消。最小的妹妹曾大哭著說：「媽媽！妳爲什麼要當醫生？」碧雲無奈的說：「媽媽當醫生是爲了救人啦！對不起，下次再帶你們出去玩。」結果她們家唯一一次出去旅遊，是去臺北的兒童樂園。儘管當醫生的生活相當單調，但是多才多藝的林碧雲，爲了鼓勵婦女勇於表現自我，還曾臨時惡補上電視表演歌舞，轟動了員林鎮㉔。

懸壺六十年，員林執業最久女醫師

碧雲一生行醫，到八十歲高齡仍在服務，直到SARS流行才減少看診。二〇〇四年十一月十二日於第五十七屆醫師節慶祝大會上，獲中華民國醫師公會全國聯合會頒獎表揚「懸壺濟世六十年」，她也是員林鎮執業最久的女醫師㉕。平日生活簡樸，晚年虔心向佛。「心安茅屋穩，性定菜根香，世事靜方見，人情淡始長」，這是她藥袋上的良言，也是其心性的寫照㉖。與夫育有五子二女，二〇〇五年安詳去世，享年八十七。

(5)

(5) 衛生署長陳建仁表揚林碧雲行醫六十年（圖片來源：《中國時報》二〇〇四年十一月十三日，柯承惠攝）。

眼科醫師的先驅——周(李)秀娥

周(李)秀娥，本姓李，一九一一年出生於彰化市的一個基督教家庭。李家在清代末年就信奉基督教，與她祖父李渡河的一段離奇的身世有關。

祖父李渡河身世士離奇，遇馬雅各信教習醫

清末的李家原本居住在福建廈門，由於母親被拐賣至臺灣，年幼的李渡河與父親自廈門移居彰化街和美尋母，父親開設木材家具店維生。後來終於找到母親，李家就定居在彰化街。李渡河十五歲的時候(約一八七四年)又返回廈門學習漢醫，學成便返回彰化，一八七八年奉父母之命娶許叩為妻㉗。婚後前往臺南參加科舉考試時，先搭船到安平，再乘轎子到臺南，舟車勞頓，卻不幸落榜。失意之下流落街頭，因罹患眼疾而至新樓醫院治病，在馬雅各醫生診療下痊癒。馬雅各向他傳福音，並且鼓勵他習西醫，因此接受馬雅各醫生的訓練，並受洗成為基督徒㉘。學成後先在葫蘆墩(今臺中豐原)開設「葫蘆墩醫院」，之後才回到彰化開業㉙。

一八九五年乙未割臺之際，在八卦山之役中，李渡河與彰化士紳遊說民眾，出面向日軍請降，並提供彰化地區資料，免除日人對彰化街的殺戮㉚。日人欲給其鴉片販賣特許權，他因身為基督徒，不願販賣鴉片而婉拒，之後擔任保正㉛。

一九〇六年出身蘇格蘭的長老教會傳教士蘭大衛(David Landsborough)想在彰化市辦醫院，李渡河率先將今日彰化市中華路一帶土地賣

(1)

(1) 一九〇七年落成的英立彰化基督教醫院（圖片來源：彰化基督教醫院院史文物館）。

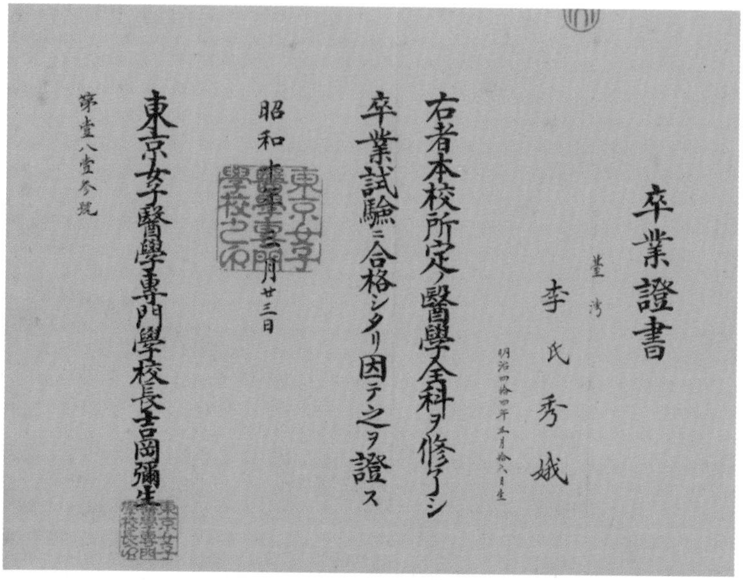
卒業證書

臺灣
李氏秀娥
明治四拾四年五月拾六日生

右者本校所定ノ醫學全科ヲ修了シ
卒業試驗ニ合格シタリ因テ之ヲ證ス

昭和十年三月廿三日

東京女子醫學專門學校長吉岡彌生

第壹八壹参號

(2)

醫師免許證

臺灣
周氏秀娥
明治四十四年五月十六日生

昭和十年三月東京女子醫學專門學校ニ
於テ受領シタル醫學科卒業證書ヲ審査シ
明治三十九年法律第四十七號醫師法ニ依
リ醫師タルコトヲ免許ス仍テ此ノ證ヲ授與ス

昭和十一年八月一日

內務大臣 潮惠之輔

本免許ハ第七六二四二號ヲ以テ醫籍ニ登錄ス

內務省衛生局長 挾間茂

(3)

給蘭大衛，也鼓勵鄰居賣地用以興建兩棟二層樓的院舍及病房，成爲今日彰化基督教醫院中華路院區的院址。

一九〇七年十月十九日，新建醫館完工（今彰化市中華路院區），命名爲「英立彰化基督教醫院」㉜。

醫生世家，高等女學校畢業，赴日習醫

李渡河育有四女四男，兒女和醫療幾乎都有所相關，有的讀醫學校，有的嫁給醫師。李秀娥的父親李春汪是李渡河的次子，十六歲先就讀臺灣總督府國語學校，再轉學至臺灣總督府醫學校，後因腳氣病赴廈門求醫，回臺後無法銜接醫學校三年期課程，只好放棄學業，轉而向蘭大衛習醫。結業後在大肚開業，母親梁萍爲秀水人，是科班出身的助產士，在彰化相當有名氣㉝。

李秀娥的父母共生四女，收養一男松涵，她排行第三。大姊秀賢爲助產士，其丈夫爲牧師黃主義，曾任教於臺南神學院，二姊秀鑾也是助產士（日後亦在員林開業），妹秀梅爲牙醫，畢業於日本的齒科專門學校。

秀娥在一九三〇年三月畢業於臺中州立彰化高等女學校（今彰化女中），爲第七屆學生，年年都名列前茅。爲了攻讀醫學，她在十九歲時赴日，進入東京女子醫學專門學校，五年後取得學位回臺灣。她的醫學專門學校畢業證書經過審查後，日本內務省根據一九〇六年制訂的法律第四十七號醫師法，頒給她醫師證書，並於一九三六年起在彰化基督教醫院行醫。

(2) 李秀娥一九三五年東京女子醫學專門學校畢業證書（圖片提供：周神彬）。

(3) 周秀娥在一九三六年取得醫師證書（圖片提供：周神彬）。

SHO-KWA
化基督教青年會クリスマス祝賀會
1936.1.3

(4)

彰化市医師会創立記念昭和十年八月

(5)

蘭大衛醫生與其夫人連瑪玉女士

(6)

一張彰化基督教醫院青年會的耶誕慶祝會照片中，可以看到氣質出衆的秀娥醫師，穿緞料洋裝，著絲襪高跟鞋，盛裝參加耶誕會，照片中的女性多洋式打扮，男性則全套西裝，這年剛好是秀娥醫師進入彰化基督教醫院的第一年。

彰化基督教醫院
蘭大衛夫妻做媒牽姻緣

李家向來與蘭大衛醫師有深厚關係，秀娥於彰化基督教醫院行醫時，在蘭醫師與醫師娘連瑪玉的介紹下，與蘭大衛義子，畢業於臺灣總督府臺北醫學專門學校的周淵昌醫師結婚㉞。當時連瑪玉贈與他們夫婦一句格言匾額，並親自書寫「By repeated choices we form our char-acter.（我們藉著一再的抉擇塑造自己的人格）」，送給這對醫師夫婦作爲結婚兼開業的勉勵。一九三六年三月三日，蘭大衛夫婦參加了他們在彰化教會的結婚典禮，三天後就退休返回英國㉟。

---

(4) 一九三六年一月三日李秀娥（前排右三）盛裝參加彰化基督教醫院青年會的耶誕慶祝會（圖片來源：彰化基督教醫院院史文物館）。

(5) 一九三七年十二月彰化市醫師會創立紀念合照，從這張照片可知當時彰化市只有兩位女醫師：李秀娥為其中之一（第二排左二）。賴和醫師為第三排左二（圖片來源：賴和文教基金會）。

(6) 蘭大衛與連瑪玉夫婦（圖片來源：彰化基督教醫院院史文物館）。

婚後與丈夫周淵昌先在彰化基督教醫院對面開業，取名「周眼科」，不久移至員林開「周眼科婦產科診所」。醫院的生意相當好，患者絡繹不絕，沒想到兩年半以後，夫婿可能因過度操勞染上肺病過世，年僅二十八。

夫婿早逝，艱苦承擔，決定跨足眼科

先生過世時，長子神耀不到兩歲，次子神彬才七個月大，一家生活重擔都落在她一人身上。身材嬌小的她卻堅毅無比，她決定繼承「周眼科」的招牌。日治時期眼科醫師很少，通常只能由一般科醫師提供基本的眼部診療，原本是婦產科醫生的她，毅然休業，排除各種困難，帶著兩個稚子和保母到臺北租屋。孩子由保母幫忙照顧，白天在馬偕醫院任職，下午在臺北帝國大學醫學部附屬醫院（今臺大醫院）重新接受眼科訓練，跟隨日本教授學習，學成之後擔任馬偕醫院第一位眼科醫師，也是第一任眼科主任㊱。

重新把「周眼科」的招牌掛起來

在太平洋戰爭日趨緊張，美軍頻頻空襲時，爲了全家人的安全，她決定回到中部避難。一九四三年重回員林開「周眼科」醫院附設婦產科，同時也在國民學校擔任校醫。靈慧秀氣的她，爲學童檢查眼睛治療沙眼時，輕聲細語，動作又相當輕巧，使學童不會害怕診療㊲，看診時認眞又有耐心，對貧困者常不收取費用。由於出身基督教家庭，她熱心事主，曾任員林「和平基督長老教會」長老二十年，常說眼睛是靈魂之窗，希望透過醫治每一個患者的眼睛，能讓患者看到上帝的榮耀，這是她每天最欣慰的事㊳。

(7)

(8)

(7) 李秀娥（前排左二）、李秀賢（秀娥大姊，前排右一）與蘭大衛醫師娘連瑪玉（前排右二）、藍仁愛（蘭大衛女兒，後排左三）等攝於彰化基督教醫院（圖片來源：彰化基督教醫院院史文物館）。

(8) 周李秀娥與兩名幼子合照（圖片來源：陳美玲，〈「小城醫師」周李秀娥擦亮周眼科招牌〉，《中國時報》二〇〇五年四月十日，第E5版）。

戰後行醫，活躍婦女界

除了醫療工作，在婦女界也十分活躍，戰後曾任臺中縣(行政區包括臺中、彰化、南投)婦女會理事長、臺灣省婦女會理事、彰化縣婦女會常務理事、員林鎮婦女會常務理事，與其他縣市的婦女運動領導者，如謝娥、鄭玉麗、李緞、許世賢、劉玉英等人，互動頻繁㊴。一九五〇年任臺中縣婦女會理事長時，為促進婦女具備生活技能自食其力，於員林中山路上開辦婦女習藝所，聘請東京文化洋裁學院畢業的洋裁專家講課，教授婦女縫紉機操作技術㊵。

七十二歲才退休，次子繼承「周眼科」

秀娥醫師看診到七十二歲才退休，由次子繼承「周眼科」，後來常居美國長子處，晚年才返回員林，二〇〇七年以高齡九十七歲過世㊶。

註釋：

① 臺中州立彰化高等女學校前身爲臺灣公立彰化女子高等普通學校，1921年改隸臺中州，1922年更名爲臺中州立彰化女子高等女學校。
② 張素玢，〈謝洪秀枝〉《政治人物篇》，《新修彰化縣志卷九·人物志》，彰化市：彰化縣政府，2018，頁331-333。
③ 謝洪秀枝之子謝文周(1925年生)口述，張素玢採訪，2018年2月23日。
④ 〈員林／發起人會〉，《臺灣漢文日日新報》，1935年3月31日，12版。
⑤ 〈北斗沙山庄海浴場庶務課員與員林團格鬪負傷數名郡守勸令息事〉，《臺灣漢文日日新報》，1936年7月8日，4版。
⑥ 張嘉政、陳逸達，《員林鎮志·人物篇》彰化：員林鎮公所，2010，頁739-740。
⑦ 趙水溝，《員林郡大觀》，頁266-267。
⑧ 「TBDB臺灣歷史人物傳記資料庫」，http://tbdb.ntnu.edu.tw/，瀏覽日期：2021年10月20日。
⑨ 臺灣總督府職員錄系統，〈郭和約〉，http://who.ith.sinica.edu.tw/s2a.action，瀏覽日期：2015年5月7日。
⑩ 張素玢，〈張玉花〉《政治人物篇》，《新修彰化縣志卷九·人物志》，彰化市：彰化縣政府，2018，頁171-172。
⑪ 《臺灣教會公報》2216期，1994年8月21日，「賴永祥長老史料資料庫」http://www.laijohn.com/book3/288.htm，瀏覽日期：2021年11月7日。
⑫ 傅大穆醫師曾任馬偕醫醫院、臺南新樓醫院醫師，爲員林第一任衛生所主任(1949年4月3日至1951年1月16日)。
⑬ 「TBDB臺灣歷史人物傳記資料庫」，http://tbdb.ntnu.edu.tw/，瀏覽日期：2021年11月23日。
⑭ 張作文醫師(張玉花之子)口述，張素玢訪問，2018年12月15日。
⑮ 「TBDB臺灣歷史人物傳記資料庫」，http://tbdb.ntnu.edu.tw/，瀏覽日期：2021年11月23日。
⑯ 員林張江茂口述，張素玢訪問，2021年11月8日。
⑰ 江林彩鳳口述，張素玢訪問於洛杉磯江宅，2018年5月1日。
⑱ 〈歷屆議員名錄〉，彰化縣議會全球資訊網，http://www.chcc.gov.tw/form/index.aspx?Parser=2,4,34，瀏覽日期：2015年5月7日。
⑲ 彰化縣議會議員選舉事務所編印，〈彰化縣第二屆議會議員選舉公報〉。
⑳ 「TBDB臺灣歷史人物傳記資料庫」，http://tbdb.ntnu.edu.tw/，瀏覽日期：2021年10月17日。
㉑ 洪璧珍報導，〈員林首位女醫師 懸壺一甲子〉，《中國時報》，2004年11月10日，A6版。

註釋：

㉒ 林碧雲長子林潤東報導，張素玢訪問紀錄，2017年2月12日。

㉓ 邱美都，《百果山的春天》，彰化：員林鎮公所，2007，頁153。

㉔ 林勝美，〈追思優雅的媽媽〉，《人間福報》，2006年1月23日，http://www.merit-times.com.tw/NewsPage.aspx?unid=141739，瀏覽日期：2017年2月15日。

㉕ 張素玢，〈林碧雲〉《社會人物篇》《新修彰化縣志卷九·人物志》，彰化市：彰化縣政府，2018，頁96-97。

㉖ 〈醫師節　總統致詞〉，《中國時報》，2004年11月13日，A8版。

㉗ 〈彰化李渡河、許卻和其子女〉，收於黃李秀賢(李渡河長女)，《黃李秀賢回憶錄》(作者自編，未刊行)，賴永祥長老資料庫，http://www.laijohn.com/archives/pc/Li/Li,Tho/family/Ng,Shian.htm，瀏覽日期：2014年8月9日。

㉘ 朱真一，〈第一位來臺服務的歐美醫師：Dr. James L Maxwell(馬雅各醫師)〉，《臺灣醫界》52：1(2009)，頁48。

㉙ 〈彰化李渡河、許卻和其子女〉，《黃李秀賢回憶錄》。

㉚ 陳文德，《1895年決戰八卦山(下)乙未年抗日義軍浴血風雲錄》，臺北：遠流出版社(1995)，頁296。

㉛ 〈彰化李渡河、許卻和其子女〉，《黃李秀賢回憶錄》。

㉜ 彰化基督教醫院院史博物館網站，http://www2.cch.org.tw/history/，瀏覽日期：2014年8月9日。

㉝ 張素玢，〈周秀娥〉《社會人物篇》《新修彰化縣志卷九·人物志》，彰化市：彰化縣政府(2018)，頁77-79。

㉞ 陳彥廷，〈醫者腳蹤：訪周神彬醫師〉，《教研創新季刊》5(2012年12月)，頁17-18。

㉟ 董倫賢採訪整理，「訪周神彬醫師夫婦 一再的抉擇塑造人格」，《路加雜誌》244(2009年6月)，http://www.laijohn.com/archives/pc/Chiu/Chiu,Spin/interview/Tang,Lhian.htm，瀏覽日期：2017年2月22日。

㊱ 周神彬(周秀娥子)口述，張素玢訪問，2018年1月28日。

㊲ 員林張江茂(1930年生)報導，張素玢訪問記錄，2017年2月22日。

㊳ 〈周李秀娥享壽九十七 今追思禮拜〉，《聯合報》，2007年9月8日，C2版。

㊴ 吳銅編，《臺灣醫師名鑑》，臺北：臺灣醫藥新聞社(1954)，頁132。

㊵ 「TBDB臺灣歷史人物傳記資料庫」，http://tbdb.ntnu.edu.tw/，瀏覽日期：2021年9月20日。

㊶ 周神彬(周秀娥子)口述，張素玢訪問，2018年1月28日。

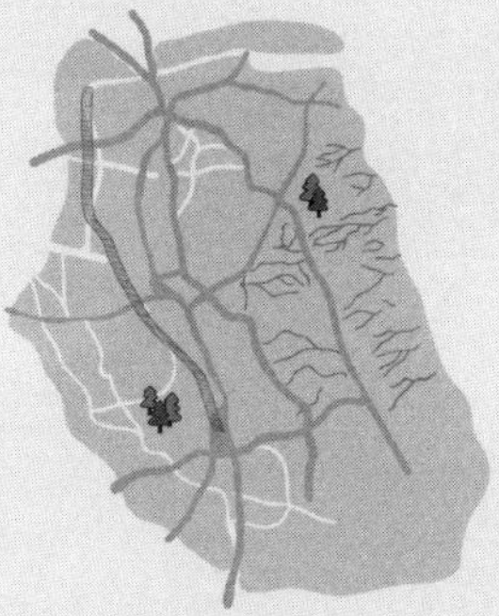

四位女醫師的診所舊址分別位於：

①洪秀枝：

慈生醫院，彰化縣員林市三民街38-1號，今郭總合聯合診所。

②張玉花：

至誠醫院，彰化縣員林市中正路。

③林碧雲：

長春醫院，約在彰化縣員林中山路一段830號至844號。

④周秀娥：

周眼科，彰化縣員林市中山路一段，長春醫院斜對面。

交通資訊：

① 慈生醫院：

自員林火車站出站後，朝光復街前進、右轉，再左轉民權街步行約2分鐘，右轉至中正路步行2分鐘，左轉三民街後即可抵達。

②至誠醫院：

自員林火車站搭乘6915號公車（往高鐵彰化站）至「林厝站」下車，巖山腳路一段步行約1分鐘即可抵達。

③長春醫院：

自員林火車站出站後，從光復街左轉民權街步行1分鐘，右轉至中山路一段步行約2分鐘即可抵達。

④周眼科：

自員林火車站出站後，從光復街左轉民權街步行1分鐘，右轉至中山路一段步行約3分鐘即可抵達。

歸綏街139號

——文萌樓的前世今生與日日春的妓運

文·鄭美里（圖片提供：日日春關懷互助協會）

文萌樓這棟日治時代的庶民店屋，歷經時代演替、改朝換代，見證了曾在這裡以身體、以性的勞動換取生計的一代代公娼女子，以及「反廢娼」運動抗爭的一頁血淚史，她訴說著怎樣的臺灣查某人的故事？

文萌樓

臺北市大同區歸綏街139號

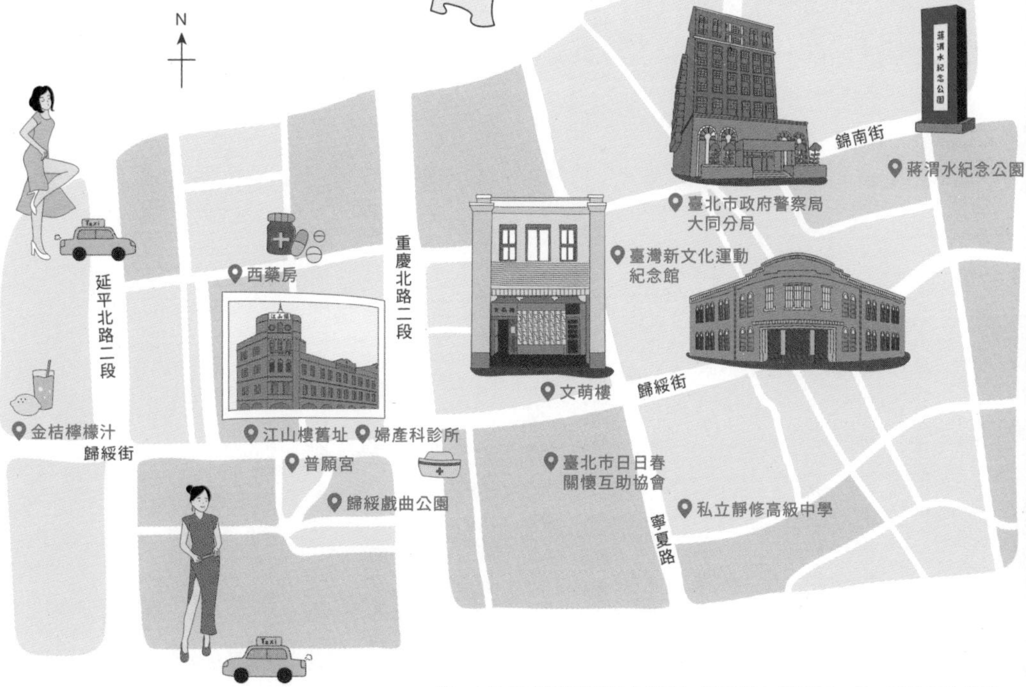

註：日日春辦公室曾數次搬遷，地點皆在歸綏街一帶，現址則在萬華。

就像所有的都市繁忙幹道一般，臺北市重慶北路二段來往的汽車疾馳而過，不仔細辨別，一定猜不到這一帶曾經是臺北發展史上熱鬧的娛樂生活街區，而不遠處的歸綏戲曲公園此刻素顏而安靜，很難想像前些年娼妓文化節①時嘉年華般的亮麗歡鬧；二〇二二年，從農曆年一直到二月底，臺北又冷又雨，這是好不容易暫露陽光的一天，這個午後只有幾位髮鬚染了白霜的大叔在大樹邊土地公廟埕閒聚嗑牙。

偶爾可見稀落的遊客在歸綏街巷子口對著大馬路兩旁藥局、婦產科、泌尿科掛著「專治性病」、「壯陽」……碩大的招牌一邊拍照，一邊點頭若有所思地和同伴評論，然後拐進相對幽靜得多的歸綏街，她／他們漫步向前，右手邊是一棟棟改建後的社區大樓，左手邊還留著一連排的兩層樓老屋，許多屋子門口騎樓停著機車、堆放雜物，顯得空洞而破舊（原來這天正逢都更的前夕）。有的遊客從另一頭，寧夏路拐進巷子，才走幾步就在門牌「歸綏街一三九號」前駐足，像乖巧的學生般認真讀著門前立牌告示版上的文字說明……

朝聖百年老屋，見證妓運史

相較於隔壁一四一號的牆柱蔓草叢生且髒汙，騎樓前拉起黃色繩子的一三九號老屋黃綠色磁磚完好不見破損，顯然已經過整理，門楣上掛著大大招牌寫著「乙級　文萌樓」的字樣，漂亮紋樣的鐵門鐵窗也被兩片大佈告板遮擋。揹著後背包的年輕女生專注閱讀白底紅字的大看板，大標題「煙花已冷　風韻猶存　等待歷史轉身的文萌樓」，「文萌樓」三個特別大的字底下還配了羅馬拼音，再往下條列的說明文字標註了這棟於二〇〇六年被公告爲「臺北市市定古蹟」的指定理由：

（一）為殖民時期一九三〇至一九四〇年代店屋類型，日人移植歐洲巴洛克建築元素覆以黃綠色國防色磁磚，建築物實質條件尚佳。

（二）一九四一年該處即為公娼館所在，為都市

> 發展史河港城市性產業歷史記憶地區，亦是反廢娼運動中心，尤具紀念意義。
>
> （三）建築內部的室內隔間，反映出當時性產業的空間要求，仍維持公娼館氣氛相當完整，具見證價值。

年輕遊人閱讀著這三條理由，似懂非懂，他們拍照留念後又繼續晃蕩向前。如今幽靜、等待都更的巷弄，實在無法讓人對「煙花」、「風韻」起什麼聯想，更難相信曾有一段時期整條歸綏街有多達兩百間妓院！娼館幾乎二十四小時營業，歸綏街巷子頭的果汁攤也是二十四小時一直賣，「攏沒在休息的啦，以前生意好到這樣。」公告上法條般的文字也讓人難以感受到曾經在一九九七年起十年間所捲動風起雲湧、有血有淚的臺灣妓權運動，就是以此爲根據地，短短字句「亦是反廢娼運動中心，尤具紀念意義」還原到歷史時空，是多少人投入生命打拚才掙來的；而尚未開放的市定古蹟也讓不得其門而入的遊客無法理解何謂公娼館的空間和氛圍，但她／他們遊逛大稻埕還特地走到歸綏街，的確是抱著參觀大名鼎鼎的公娼館「文萌樓」的好奇心而來「朝聖」的。

這一排並不特別華美的老屋，自一九二五年（日本大正十四年）建成，連棟店屋類型的建築形式是當時庶民建築的典型，至今已走過一個世紀。自一九四一（另說一九五六年②）起，文萌樓即爲公娼館，隨著時代演替、改朝換代，曾在這裡以身體、以性的勞動換取生計的一代代公娼女子，訴說著怎樣的臺灣查某人的故事？當一九九七年面臨廢娼命運之際，由女工運動團體（「女工團結生產線」和「粉領聯盟」）跨界支援，串聯工運、社運與部分婦運團體、學生⋯等的各方力量，從而撐起以公娼爲主體的抗爭過程，又爲這棟老屋添入了怎樣的眾聲喧嘩？

遊廓、酒樓和娼館，臺北城的性地景

回看文萌樓所座落的歷史時空，得從臺北城的發展說起。早自清代以來，臺北的河港航

(1)

(2)

運中心從新莊轉移至艋舺，而後同樣因商港淤積再轉移至大稻埕，一八六〇年（清・咸豐十年）大稻埕通商口岸開放，令大稻埕漸成通商要地和貨品集散中心。因應船舶停靠碼頭後，船夫、工人之需，花街柳巷各式娛樂興起，先是艋舺酒樓娼館一間間開張，而後逐漸也在大稻埕興盛。日治時期，艋舺地近「城內」日人居住區，被指定爲法定公娼區（遊廓）；大稻埕則位於本島人（臺灣人）的生活區域，娛樂產業聚集，妓院蓬勃發展，俚語揶揄：「南郊北郊拍拍走，不值得城隍廟口幾粒蟯」指的是大稻埕全部商戶在中元普渡大肆鋪張，但仍比不上霞海城隍廟前幾家妓院所辦的奢華③，至今霞海城隍廟中，還祀有當時大稻埕藝旦、妓女出錢供奉的天篷元帥豬八戒。

日治期間，大稻埕酒樓相繼創立（春風得意樓、蓬萊閣、四德樓、趣園等）其中一九一七年（日本大正六年）開業的江山樓又以建築形制之壯觀（地坪一百八十坪，四層樓，磚造），成爲歸綏街性產業地景的標竿。其時，藝旦間多集中在酒樓附近，如江山樓、蓬萊閣周邊的保安街、歸綏街、延平北路。不過，藝旦連結的風雅文化是有代價的，「向藝旦點一次煙盤，要價一塊錢，相當於買一斗米或是工人階級一天的薪資。」販夫走卒無力光顧酒樓或流連藝旦間，平價的小吃飲食攤到處皆是，而「土娼」也以平民的價格滿足勞動階層的性慾需求。

俗語說「未看見藝旦，免講大稻埕」及「登江山樓，食臺灣菜，聽藝旦唱曲」充分反映了一九二〇、三〇年代，藝旦風華與江山樓等酒樓併

---

(1) 妓權運動大將——公娼阿姨麗君的往生追思。

(2) 「日日春」曾在文萌樓以導覽喚起民眾對性產業的思考。

隨著臺北大稻埕商業發展的時代風光景象。藝旦不僅以「色藝雙全」吸引商政才子，也是時髦的代表，「藝旦身著來自上海的最時興裝束，引領整個臺灣的時裝風潮，而藝旦在大稻埕的現身，和大稻埕當時引入的新科技、新行業(照相業、腳踏車行、汽車行、旅社、浴室、電影院、百貨公司、音樂茶室、洋服店、遊藝場)、市街改正後的新建設(拓寬馬路、拆除危險老舊家屋，代之以立面整齊的新店屋、街燈點亮)結合成一種令人眩目的都市奇觀④。」相較之下，最底層的私娼、土娼則往往和社會暗影、邊緣、流氓情夫、暴力受害者…等形象相連。

藝旦和土娼被劃歸為不同的消費階級，然藝旦起源與民間「媳婦仔」的習俗有關，往往是藝旦收養貧家女，調教使之讀書識字、學習彈唱與吟詩，養成為新一代藝旦以供養自己，如此代代相傳。而底層未受教育、文化薰習的土娼、私娼同樣也是貧窮家庭中的孝順女兒(包括養女、長女)，被迫或自願挑起家庭重擔。

臺灣最早的娼妓法令始自一八九八年，日本政府在艋舺、大稻埕劃設遊廓，將「貸座敷」(妓院)集中管理，是為臺灣公娼制度初始。一九一七年底，列管娼妓計四百二十名，健檢人次達一萬九千六百三十二人次。以「集娼制」與「強制性病檢查」為核心，「檢查／控制女性性工作者、保護男性消費者」的模式持續存在，二戰後國民政府接管臺灣後，曾一度宣布廢娼，然而考量來臺的大量軍人需求，避免強姦民女事件頻傳，也為了減少性病傳播，一九五一(民國四十)年曾試辦「軍中樂園」；五年後(一九五六年)，臺灣省政府頒布《臺灣省管理妓女辦法》承認公娼存在，並嚴加取締私娼，「寓禁於管」；一九七三(民國六十二)年「臺北市娼妓管理辦法」發布實施，劃立了萬華區寶斗里公娼館區及大同區江山樓公娼館區。

可以說，公娼制度的存在是統治者以滿足男性需求而運用的維穩手段，但落實到從業的女性身上，遵守登記、健檢等規定的公娼卻也因此得受國家警察保護，免於無良嫖客的虐待和黑道的剝削。因此，合法的公娼和非法的私娼兩者的生存處境天差地別，文萌樓後門小巷近大同分局（前「臺北北警察署」），公娼若遇嫖客糾紛，還能請警察前來處理，娼警關係密切。

一九二一年「臺灣文化協會」於大稻埕靜修女子學校舉行成立大會，其實就在歸綏街巷口不遠；而「臺灣新文化運動之父」蔣渭水醫師一生事蹟（開醫院、辦報紙⋯等）多發生於大稻埕地區，解嚴後以他爲名的紀念公園也就設在歸綏街七十九巷；大同分局旁「臺北警察署」於一九九八年成爲市定古蹟後，如今又變身爲「臺灣新文化運動紀念館」。儘管地理空間接壤，幾乎比鄰位在同一街區，但公娼姊妹難有文化資本能像一些藝旦參與到新文化運動，但一九三〇年代流行歌傳唱大街小巷，當平民天后純純唱著：「戀愛自由卽應該，婚姻制度著大改！」反映了時代女性的思想和身體正在改變，由純純演唱的戰前名曲〈月夜愁〉、〈跳舞時代〉、〈望春風〉、〈雨夜花〉、〈四季紅〉⋯⋯流行傳唱數十年，想必也曾爲文萌樓裡的女子提供了情感的想像和撫慰，只是「自由戀愛」和「婚姻」對從娼的女子來說仍然奢侈。

綠燈戶、牌仔筒⋯⋯，娼館空間與生活

「陽光灑進乾淨整潔的娼館前廳，客人從外穿透縷空窗架，與相中的公娼眼神交會，公娼同意輕輕點頭，客人安靜進屋，一前一後走進房內，十五分鐘後，客人付款，出來走人。」王芳萍記得一九九七年她初次走進文萌樓所見的情景，也才發現歸綏街公娼館離她平常下班後吃飯的街區這麼近⑤！

早期歸綏街的妓院跟文萌樓一樣，窗戶皆是透明，小姐通常在客廳的沙發椅上看電視、聊天、等待客人上門，客人從窗外就能看見他要找的小姐在不在，而一進門，牆上除了掛著營業許

可證（又稱做「大牌」），也貼著一長排小姐的照片。門外騎樓的天花板依規定懸掛綠燈，一進門，經過走廊（兩旁是房間），就會看到廚房。打從文萌樓營業起，樓下的「執業房」有六間、二樓有兩間，依法規定房間數和公娼數的比例爲一：二，因此，文萌樓的木頭置物櫃最初訂製時就是十六個抽屜，讓小姐可以放錢包、口紅、化妝品。小姐接客，老闆便給她一張牌，可放進抽屜，因此這置物抽屜又稱作「牌仔筒」。「你今天做幾支牌仔」就代表今天接幾個客人。之後跟老闆結帳，統計有幾支牌仔，老闆和小姐三七分帳。每格櫃子標著號碼，因此小姐除了花名，也會用號碼來稱呼。

公娼館的房間不大，一張床、梳妝臺，裝潢簡單，牆上的壁紙透露著歲月的痕跡。有些小姐會在牆上或天花板上貼海報，在重複的接客工作時遁入想像空間。文萌樓的小姐們在電視櫥櫃下用生雞蛋拜虎爺，祈禱虎爺保護。

雖然文萌樓周邊有熱鬧的街市，周邊擁有圓環夜市（賣多種各樣小吃）、重慶北路攤販（衣飾、日用品、雜貨類）、延平北路（金飾）等，並且這些地方都位在步行不用五分鐘即可到達的近便位置，但工作型態使小姐們幾乎都守在娼館，因爲「坐得住」的小姐才有接到客人的機會，她們有的趁年輕想把握機會多賺錢，或者家計浩繁，以致像跑馬拉松似的工作十幾個小時，生意好時一個個客人接著做；也有的配合子女上學時段，像公務員般朝九晚五規律上工。娼館二十四小時無休，採三班制（早班、晚班、大夜班），小姐一天要接多少客人、賺多少錢，自行調配、安排。此外，受到「賺食查某」、「妓女」汙名的壓力，她們不太能和鄰里互動，就連不同娼館的小姐也少往來，除了到藥房買感冒藥、消炎藥、胃藥、頭痛藥、潤滑劑⋯，或非得出去辦事（每周到性病防治所檢查），否則生活型態單調到幾乎是「兩點一線」——在家裡和娼館之間移動，有些乾脆住在娼館的「自用房」。就連吃飯也常不規律，有時拜託娼館的打掃阿姨買回，簡單果腹了事。

(4)

(3)

(3) 文萌樓的走廊，兩旁為「執業房」。

(4) 廢娼二十周年暨白蘭攝影展。

反倒是各式商販會穿門入戶，賣衣服的拎著大包小包漂亮衣飾、水果攤車和賣吃的也都會上門兜售。一位旗袍師傅回憶：「以前小姐沒有什麼休息時間，通常都是跟老闆請個假，有時出來一下下，坐三輪車到店裡來。」她也常登門爲小姐們量身訂作旗袍，而且會選在生意比較清淡的白天去，「這樣小姐才有空理你啊！」在她眼中，「以前的小姐穿得都很整齊，不會很露，很有氣質、很乖。」其中很多和她一樣也是出身辛苦人家的北漂族，但她自認比較幸運得以學習一門手藝，「這些小姐們連這樣的機會都沒有⑥。」

有三、四年的時間，小姐恬恬拍了很多穿著訂製旗袍、各式套裝的美麗照片，整整有三大本、數小本，每張照片裡都「顧盼自信並且帶著雍容華貴氣勢」，印證旗袍師傅所言，而這些相片的背景也都是公娼館的客廳⑦。不過，娼館並不會規定小姐如何穿著打扮，大多數的小姐上工前都會化妝一番，而衣著也與日常區隔，從早期的旗袍到後來的洋裝，務求「端莊」、「淑女」。

客廳是公娼館重要空間，等待人客上門的小姐們坐在客廳沙發，聊天、看電視，同一家娼館的小姐們相處久了，合得來的會結拜姊妹，雖然因競爭人客而生嫌隙的事也難免有；稱老闆或營業者爲阿姨，相處也如親人，如文萌樓王奶奶（化名）深知小姐的處境，就曾數度爲她們作保，而娼館的流動性大，小姐變動來去，她也理解、接納，王奶奶說：「單單文萌樓，來來去去也好幾百個小姐。」在娼館互利共生的環境中不乏溫暖的人情網絡，對小姐們而言，就像「家」一樣⑧。

以民國六十年（一九七一）爲例，臺北市（包括大同區、萬華區、北投區）共有登記一千七百五十位公娼，文萌樓的日常極可能是她們的生活寫照。電視開播後的年代，連續劇、歌仔戲是小姐們的最愛，連續劇裡的婚姻、感情成爲談資；由楊麗花領銜的電視歌仔戲走過一九七〇、八〇年代（民國六七〇年代）的黃金時期，想來等待客人的小姐一定也曾跟隨苦旦許秀年在《王寶

(5)

—(5) 官姊在文萌樓的客廳。

釧》、《陳三五娘》的哀婉唱曲、堅毅形象中寄寓自己的身世，或者被扮相俊俏的楊麗花飾演的《風流才子唐伯虎》給逗樂吧。

依照娼妓管理辦法，公娼館的牌照不得買賣、移轉，隨著登記者死亡即須結束營業，「年紀大了的『牌主』死一個關一間，再死一個再關一間。」民國五十二年（一九六三），歸綏街公娼館有八十多家；民國七十三年（一九八四）時僅剩十七家，到民國八十六年（一九九七）廢娼爭議前只剩下六家。家數變少，生意也愈來愈清淡，「人說『多戲多人看』，你看夜市啊～集中，每攤都足多人，這個夜市（指公娼館）啊，剩兩間在那邊排！大家還會去嗎？不會去啊！沒有得挑啊，就越冷淡啊！」另一方面，臺北市的都市發展由西區向東區移動，娛樂消費型態、性產業景況與時更迭、花樣翻新，酒店公關、應召傳播、茶室陪侍…等，並未因公娼館逐漸凋零而沒落。諷刺的是，原已是「夕陽產業」自然凋零的公娼制竟然因藍綠兩黨的惡鬥，讓全臺北市僅存的一百二十八名公娼成爲祭品！

「反廢娼」抗爭，風起雲湧對抗汙名

一九九七年九月一日，百多名戴著花帽的蒙面女子，舉著手中的「妓女證」，拉著「公娼要生路」的白布條到臺北市議會陳情，並衝到市府找市長陳水扁抗議。沒人料到，就是這場抗議，揭開臺灣妓運的序幕⑨。

這則新聞報導和緊接的一場「公娼存廢」座談會⑩讓關心女工權益的王芳萍深深被官秀琴給吸引，於是走進文萌樓，「幾個鄰家大嬸模樣的公娼，一副有問必答坦蕩蕩地不怕任何質疑，七嘴八舌的撈出自己的從娼故事。」她才發現「原來公娼也跟女工一樣，是從貧瘠破敗的山區、礦場、農村往城市移動；但不同的是，她們因多重困境而向性產業集中，親人重病變故或身心障礙、食指浩繁的大家庭排行長

(6)

(7)

(6) 公娼挺身捍衛工作權，在文萌樓前拉布條，發出抗議之聲。

(7) 廢娼八周年，官姊領隊到總統府抗議。

女、離婚單親拖著兒女，環境所迫，選擇從娼自立自救。」也從此王芳萍義無反顧地投入組織公娼抗爭⑪。

話說，從阿扁擔任臺北市長以來強力掃黃頗有績效，國民黨議員便奚落、質詢市長一邊掃黃一邊卻發放妓女證，阿扁一時語塞而倉促決定廢娼。無預警面臨立即失業的公娼，在工運人士投入下加以組織，展開爭取工作權的抗爭。一方面是政治上府會間的角力；另一方面，婦女團體也因不同的政黨傾向、階級屬性和對於性／別議題的認同取向，有了廢娼、反廢的路線爭議，廢娼派認爲娼妓的存在是父權體制物化女體、剝削女性的證明；反廢派則從現實的角度出發，看見廢娼的不切實際，徒然剝奪了公娼的工作權，其中性解放論者也出現在反廢陣營。由於雙方陣營各包含多個團體，也都生產出大量的論述，在報紙媒體上唇槍舌劍，並各自舉辦會議、參與連署，引爆了臺灣婦運有史以來最大的路線分歧和劃界。

面對政客的盤算、婦團的紛爭，實際投入組成「公娼自救會」組織的女工團結生產線緊抓工作權的核心，一方面因應府會攻防，以公娼小蝦米對抗龐大行政機器的大鯨魚，見招拆招，以集體力量發揮創意，遊說、請願、抗議、上街頭演戲、舉辦國際研討會…等，一九九九年總算爭得緩衝兩年的成果；另一方面，她們也和不同的婦女團體對話，爭取支持，多次交手。這一年七個月之間，公娼自救會共有近三百次行動的抗爭。

一九九七年時，文萌樓有小姐十五人，是十八家公娼館中最多的一間，又有幾位抗爭關鍵人物，因此公娼自救會便設在文萌樓，這裡的客廳變成各家小姐共同的客廳，這裡既是休養生息的後援基地，也是爲每次出征而準備的訓練場。

一九九八年的婦女節，臺北市公娼自救會和女工團結生產線、粉領聯盟共同主辦「反污名大遊行」，聯合了婦運、社運、勞工、同志運動、原住民團體及學者、文化工作者發表「反污

(8)

(8) 麗君的歌聲如泣如訴，圖為她在晚會表演唱歌。

名宣言」，遊行行經華西街等地，公娼、女工、原住民、同性戀者要求「洗刷污名、重現光明」，並高喊「鬥陣反污名、尊嚴亮晶晶」。公娼主體勇敢「出櫃」和發展中的同志運動相互激盪，也鼓舞性少數、性邊緣族群的現身⑫。原本公娼對同性戀不熟悉，因同志加入組織或當義工，使得公娼和同志相互看見、對話，同樣承受汙名使她／他們更能同理彼此，也迸發出許多關於「性」既奔放又充滿笑淚的分享。

同年五月，舉辦爲期三天的「性工作權利及性產業政策國際行動論壇」，除了有各國妓權組織、性工作者的報告，在歸綏公園舉辦的「鬥陣晚會」是臺灣史上第一遭有來自美、泰、德、荷、澳、日、臺等地的性工作者一起在臺灣的社區驕傲現身，以娼妓歌曲、舞蹈、戲劇，展現娼妓身體直接對抗社會污名的驚人能量，全場嗨翻天。日日春關懷互助協會之後舉辦的「娼妓文化節」便是由此延伸而來。

扮演培訓組織者的夏林清老師規劃了「國際行動大學——公娼騷動」的學習課程，抗爭團隊中有公娼、組織者、義工學生、工會幹部等參與，發展出多項行動方案，包括整理公娼國際會議內容、訪談公娼故事出書、發展「倡劇團」街頭文化展演，規劃「社區組」展開與不同社群對話溝通。新加入的學生義工走進娼館、走進公娼住所，讓公娼生涯故事更立體呈現，也爲團隊帶來新活力；黑手那卡西樂團和工會幹部也到文萌樓，陪著公娼阿姨邊唱歌邊喝酒……

臺北市府會一再延宕、拖磨，終於「臺北市公娼管理辦法」於一九九九年元月二十五日公告，公娼自救會在文萌樓，「含著眼淚，帶著微笑」召開「遲來的正義記者會暨公娼社會大學畢業典禮」，宣告公娼自救會解散，改以「大同區公娼自治會」（如同性工作者的工會組織），繼續運作。

三月二十八日復娼日，公娼自治會在文萌樓舉辦「緩衡成眞、謝謝大家——復業記者會」並宣佈「日日春關懷互助協會」將於五月一日成立，由公娼姊妹和支持者組成的「日日春」，以爭取性工作合法化爲目標，讓性工作者運動以「公娼精神永不妥協」持續下去。

「日日春」成立後以承租方式維護文萌樓，透過導覽與展示，保存性產業的歷史、倡議性別議題的討論，有非常多的民衆、學生都因參訪，親身感受文萌樓的空間，由公娼阿姨導覽，而對臺灣的性歷史、性別和階級關係有了具體的認識和反思。另一方面，「日日春」也結合市府的公娼轉業「虹彩專案」，陪伴公娼找尋未來出路。此外，「日日春」也摸索著以發放保險套、舉辦義診服務等方式，展開對流鶯、私娼等的接觸。

公娼走入歷史，「崖邊女子」官姊落海

二〇〇一年三月，臺北市公娼正式走入歷史，日日春工作團隊以「百年公娼・臺北再見」爲主題，策劃第一屆臺北國際娼妓文化節，以攝影展、紀錄片、晚會、論壇、街頭抗議等多元形式，之後轉進到爭取性產業政策除罪化的階段。而失去原有工作後，部份「前公娼」選擇去性病防治所做外展員，臨時工薪資微薄；抗爭中的大將（自救會會長）官秀琴（官姐）爲了償還房貸，忙著經營私娼館工作；白蘭轉業看顧檳榔攤，不識ABC的她辛苦辨認架上的洋菸，像孩子一樣拙拙地學按計算機加加減減；一路從自救會開始到日日春成立的主要組織者王芳萍，被團隊推出參選二〇〇二年底的臺北市議員選舉，以選舉延續公娼抗爭以來被捲起的社會動能；麗君本來到性病防治所打工，後來因王芳萍參選，而加入日日春工作團隊支援，研發「春夫人四物醋」。

「官姊」在抗爭反廢娼期間常形容公娼姊妹就像「崖邊的女子」，只要輕輕一推就會落海。二〇〇六年八月，因不堪財務壓力，官姊投海自殺，震驚社會⑬。在公娼運動總是走在第一線的官姊無役不與，這位「崖邊的女子」一向不

蒙面而以眞面目示人，自信美麗，然而，面對政黨改朝換代但掃黃的強力取締，堅強的她等不到合法化的那一天到來，落了海。就像「日日春」的悼念文：「官姐是死於債務逼迫，更是死於錯誤的廢娼政策的鎭壓。」爲了紀念官姐，日日春持續長期奮戰，一群支持妓運的專業工作者進駐文萌樓，將文萌樓變身爲「身心靈幸／性福雜貨店」，以談話諮詢的專長開拓另類性教育、性公衛的媒介，並將收入捐助文萌樓古蹟的活化營運。這群志工運用各自長才，如塔羅牌、香精、按摩、心理諮詢等方式，從各個不同路徑進行身心靈的「療遇」。前公娼小姐也提供了性難言之隱的談話服務。除了文萌樓，在重慶北路另一側的春鳳樓茶館開幕，媒體紛紛報導「妓館變茶樓可喝茶可買醋」。

　　也是在同一年，臺北市政府公布文萌樓爲市定古蹟，這與日日春長期努力，提供了娼館再利用的豐富想像有關。只是沒有料到二〇一一年文萌樓竟然被經營不動產的投資客林小姐買下，隨卽要求日日春遷離、不允續租，並對日日春提出告訴。屋主曾不告而取文萌樓的招牌、文物（後經討回），爲此，前公娼麗君乾脆搬進來住，監督、守護文萌樓。一直到後來麗君姨的乳癌病況加劇，行動不便，身體走下坡，她依舊堅持不住院，「就是要住在文萌樓」，日日春找了幾十個義工輪番日夜陪伴她講話、幫她按摩、吃東西、上廁所[14]。這朵「野地的長春花」在黑手那卡西樂團的月琴伴奏聲中如泣如訴：「你哪問我什麼是幸福，叫阮怎樣講……」，麗君眞實而蒼涼的歌聲將永遠打動著無數的心靈[15]。

　　白蘭對文萌樓的感情也是那麼的深，這位十三歲被賣爲雛妓掙錢養家的東部原住民女孩，生病的最後幾年住在「康復之家」，有時會由日日春安排復康巴士載她回文萌樓，義工們陪白蘭姨聊天，看以前的照片、買好吃的給她吃。二〇一七年九月，白蘭發燒送醫，日日春夥伴陪在急診室，當她用最後的力氣點頭說要回文萌樓，一大清早救護車的呼叫聲中，白蘭撐著最後一口氣回到文萌樓，沒多久就斷氣，當時好幾十個人陪在她的身旁⑯。

「再見，文萌樓」——妓權基地不只是文化資產

文萌樓的新屋主與日日春訴訟長達六年，期間日日春透過導覽，由公娼阿姨講故事，讓社會大眾認識這個娼館古蹟，讓它的公共意義最大化。只要日日春夥伴在，一定打開前後門讓一般民眾經過時能看見、進來參觀或交流，也以此「讓文化局和現任屋主必須正視其獨特的意義。」二〇一七年，日日春確定敗訴、撤出文萌樓。十月二十日當天，文萌樓門楣上自兩年前掛的「市定古蹟文萌樓　日日春協會」牌匾，花樣鐵窗的兩邊懸掛大布條——自二〇一四年麗君往生後的紀念布幔寫著「公娼英魂　守護文萌樓」、「妓運先鋒　精神永長存」，在它們的見證下，日日春夥伴高喊「妓權基地，不容炒作牟利」、「公娼反投機，古蹟要公共」等口號，並聲言「不論我們在裡面、在外面，我們都會持續監督」，之後日日春的第三代工作者郭姵妤領隊進門拆下營業證（大牌）和一張張照片⑰，每拆下一幅照片就訴說一個故事，最後在相機喀擦聲此起彼落和閃光燈中，「日日春」的招牌正式撤下，一段可歌可泣的娼妓抗爭史在眾人的傷感和懷念中，暫時畫下句點。此後文萌樓的修復、管理責任回到屋主；次年，屋主找來建築師規劃文萌樓的修復再利用計畫，也放棄提告而請日日春提供意見、願意與日日春合作⑱；二〇二〇年五月動工進行修復，至今未對外開放。

經過漫長的努力和運動抗爭，文萌樓成爲市定古蹟，「不同於其他古蹟緬懷某個名人、偉人；文萌樓的特殊之處在於它是關於一群女人，一群弱勢、底層、被汙名化的女人和工運聯手所打造撐出的空間。」郭姵妤強調，文萌樓不只是文資，它的價值在於一群人一起付出血淚、好不容易才爭取得以保留，爲臺灣帶來豐富的公娼運動，而這些總和凝結在所謂「古蹟」的身分，文

(9)

(10)

萌樓是運動古蹟，「屋主雖買下古蹟但不能將之當成賺錢的工具，依規定整修後的文萌樓未來要帶給臺灣社會什麼、向世人呈現怎樣的面貌，也是現任屋主和她的女兒要去思考的。日日春承接公娼阿姨們的精神，推動性交易合法化的宗旨仍將繼續轉進。」現在位於萬華青草街巷弄裡的日日春辦公室，裡間也奉祀著官姊、白蘭、麗君三位公娼姊妹的照片和牌位以追思、禮敬。

「如果文萌樓這棟古蹟會說話，她會說些什麼？」曾經的污名地景轉換爲承載了性/別、階級運動的抗爭地景，郭姵妤指出：「文萌樓不是木棧板上寫定的歷史讓人看完就走，」對她而言，「走進文萌樓的人必須面對的是從前公娼是合法，如今變成非法，這與『我』的關係是什麼？」

廢娼後十年、二〇一一年「社會秩序維護法」修法給予地方政府落實性交易合法化的權限，然而，歸綏街上曾經以性和身體勞動餵養家庭的公娼女子身影，卻已消逝無蹤。夾在都更後城市高樓間的文萌樓，以其矮小樸素的身姿見證了臺灣近百年歷史上性與階級的演變，走進巷弄裡拿起手機拍照的遊人們是否看見？

(9) 白蘭愛貓、餵養流浪貓（攝影：林柏樑）。

(10) 二〇一七年日日春敗訴，法院強制執行卸下文萌樓招牌。

註釋：

① 尤其是2006年11月舉辦的第五屆臺北國際娼妓文化節，因「官姊」落海兩個月後，更受到許多媒體報導，是例年來最國際化的一屆，包括美國、瑞典、德國、荷蘭的學者齊聚一堂，共同探討妓權運動在各國的發展狀況，並有性工作者現身說法。娼妓文化節由日日春關懷互助協會舉辦。

② 根據「臺灣省管理妓女辦法」，文萌樓爲公娼館始自1956年。當初指定爲古蹟時寫的1941年應是屬於藝旦街。引述自郭姵妤。

③ 參見柯瑞明，《臺灣風月》。臺北：自立晚報文化出版部(1991：頁157)。

④ 參見吳若瑩(2009)。

⑤ 當時的女工工運者、之後以「日日春」秘書長身分參選市議員和立委的王芳萍，在碩士論文中回憶初次到文萌樓。參見王芳萍(2009)。

⑥ 參見唐筱雯(1999)。

⑦ 同前註。

⑧ 同前註。

⑨ 參見王芳萍(2009)。

⑩ 參見倪家珍、陳俞容等編的《婦女新知》月刊183期，「公娼存廢座談會」紀實，1997年8月號。

⑪ 王芳萍投入妓權運動，後來並代表參選市議員和立委。

⑫ 參見王芳萍(2009)。

⑬ 郭姵妤指出，2006年官姊投海引發的蝴蝶效應，加上妓權運動一路以來的累積，2009年大法官提釋憲、2011年修法「社會秩序維護法」第九十一之一條，承認了性工作是一種工作，但中央將責任推給地方，「鄰避效應」、政治盤算之下，沒有任何地方政府願意去碰此議題，性工作在全臺灣仍沒有一個地方是合法的。

⑭ 2014年7月，麗君阿姨往生後，有四、五十個人爲她助念。

⑮ https://www.youtube.com/watch?v=0mEwSAnsnOQ

⑯ 在白蘭往生的2017年初，日日春的第三代組織者郭姵妤與蕭怡婷負責處理後事，去申請白蘭的監護宣告，由日日春(蕭怡婷代表)擔任白蘭的監護人，才能夠處理她的後事(包含去臺東關山確定塔位、幫忙付費火化與安排入塔等)，公祭時由日日春的組織者王芳萍、鍾君竺爲她捧斗、捧遺照。

⑰ 紀實攝影家林柏樑拍攝。

⑱ 關於文萌樓的保存爭議，詳細脈絡參考：https://www.coolloud.org.tw/node/91458，THRJ_2_4_wang_chang.pdf

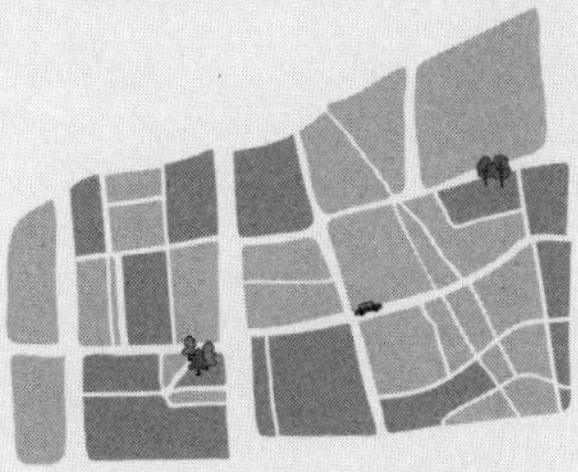

文萌樓舊址：

臺北市大同區歸綏街139號。

交通資訊：

自捷運雙連站下車後，往北沿民生西路步行約7分鐘，向右轉寧夏路步行約3分鐘，再左轉入歸綏街即可抵達。

參考資料：

1.王芳萍，《女性運動者的政治性生成——台北市公娼抗爭和日日春運動紀實》，輔仁大學心理研究所碩士論文，2009。

2.吳若瑩，《性／感地誌：公娼館文萌樓的保存與大稻埕性／產業地景》，臺灣大學建築與城鄉研究所碩士論文，2009。

3.唐筱雯，《公娼的臺北市公娼的從業歷程與生活世界》，臺灣大學建築與城鄉研究所碩士論文，1999。

4.王芳萍、張榮哲，《古蹟文萌樓與日日春運動》，《臺灣人權學刊》第二卷第四期，2014。THRJ_2_4_wang_chang.pdf

5.日日春關懷互助協會編輯，《百年公娼，臺北再見!》，2002。

6.公視紀錄觀點〈公娼啓示錄〉，2001：
https://www.youtube.com/watch?v=qwfmFuD5JKM

7.獨立特派員 第528集〈再見·文萌樓〉：
https://www.youtube.com/watch?v=G0-2EbvUXS8&t=13s

女人屐痕IV：臺灣女性文化地標

國家圖書館出版品預行編目資料

女人屐痕IV,臺灣女性文化地標/范情,鄭美里,羅思容,張素玢,陳美玲,吳雅琪,吳清桂,劉秀庭作. -- 初版. -- 臺北市: 社團法人臺灣婦女團體全國聯合會,2022.08
面;公分. -- (百年女史在臺灣)
ISBN 978-986-82683-2-6(平裝)
1.女性傳記 2.臺灣傳記 3.女權
783.322　　111012539

總策劃　陳秀惠
作者　范情、羅思容、吳雅琪、吳清桂、劉秀庭、陳美玲、張素玢、鄭美里
編輯顧問　范情、鄭美里
執行編輯　阮芳郁
美術總編　葉映汝
地圖繪製　蔡瑄蘋、呂家華
封面設計　蔡瑄蘋
書名題字　何宗勳

出版　社團法人台灣婦女團體全國聯合會

台灣婦女團體全國聯合會
National Alliance of Taiwan Women's Associations (NATWA)

地址　台北市愛國西路9號6樓之7
電話　(02)2388-3619
傳真　(02)2388-4625
網址　www.natwa.org.tw

印製　一揚印刷有限公司
初版　2022年8月
定價　新台幣380元（平裝）

ISBN　978-986-82683-2-6

女人屐痕